金声玉振

金铁霖传

金铁霖　口述

陈步涛　李民牛　著

广东省出版集团

花城出版社

中国·广州

图书在版编目（ＣＩＰ）数据

金声玉振：金铁霖传 / 金铁霖口述；陈步涛，李
民牛著. -- 广州：花城出版社，2013.8
ISBN 978-7-5360-6740-0

Ⅰ. ①金… Ⅱ. ①金… ②陈… ③李… Ⅲ. ①金铁霖
—传记 Ⅳ. ①K825.76

中国版本图书馆CIP数据核字(2013)第111292号

出 版 人：詹秀敏
策划编辑：林宋瑜
责任编辑：揭莉琳　余佳娜
技术编辑：薛伟民　凌春梅
装帧设计：梁丽辉

总统筹、整理：北京步涛文化交流有限公司

书　　名	金声玉振：金铁霖传 JIN SHENG YU ZHEN：JIN TIELIN ZHUAN
出版发行	花城出版社 （广州市环市东路水荫路 11 号）
经　　销	全国新华书店
印　　刷	佛山市浩文彩色印刷有限公司 （广东省佛山市南海区狮山科技工业园 A 区）
开　　本	787 毫米×1092 毫米　16 开
印　　张	19.5　1 插页
字　　数	200,000 字
版　　次	2013 年 8 月第 1 版　2013 年 8 月第 1 次印刷
定　　价	76.00 元

如发现印装质量问题，请直接与印刷厂联系调换。
购书热线：020－37604658　37602954
花城出版社网站：http://www.fcph.com.cn

目 录

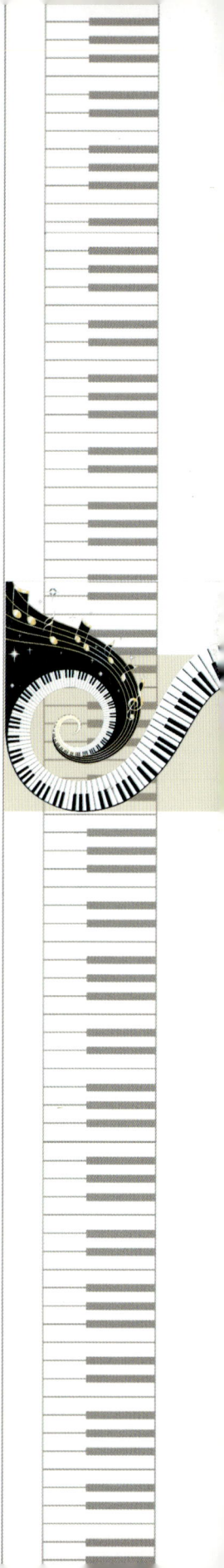

金铁霖是中国声乐的一面旗帜。他是我国著名歌唱家、声乐教育家。为探索和建立科学完整的中国民族声乐教学体系和中国声乐学派，做出大量开创性努力。并博采众家所长，融会贯通，开创了具有中国气派、民族神韵的声乐教育体系。为推动和促进中国民族声乐艺术健康发展发挥重要作用。他创立极有影响力的金氏唱法，培养了一批又一批在中国乐坛举足轻重并蜚声国际的歌唱家。其中包括彭丽媛、李谷一、宋祖英、阎维文、刘斌、张也、吕继宏、戴玉强、阿拉泰、董文华、刘辉、程桂兰、唐佩珠、董华、陈笠笠、王丽达、吕宏伟、于丽红、郭瓦·加毛吉、李琳、常思思、张辛等；甚至一些港澳台歌星也曾拜他为师。曾任中国音乐家协会副主席、中国音乐学院院长、北京市文联主席等职，现为中国民族声乐研究会会长、中国音乐学院名誉院长、教授、博士生导师。

本书是金铁霖教授目前唯一的传记，由金铁霖教授授权、口述并审订，由陈步涛、李民牛整理、撰定，历时多年。全面描述金铁霖教授大半生的成长、生活、事业等经历，尤其是对中国民族声乐艺术的研究及贡献。

序言

孔子曰：七十而从心所欲，不逾矩。如今，我已七十有三。三年前，我经历了一场大病，与死神有过一次"亲密"接触，但庆幸的是我战胜了死神！这次经历让我倍加感到时间的宝贵和生命的意义，促使我静下心来好好想想过去所走过的路，也让我认真规划一下今后的工作和生活，因为中国声乐事业还有许多许多工作要做，我还得尽自己最大努力为她多工作几年，好使她根深叶茂、茁壮成长！

我以前一向反对给自己作传，感到自己所做的一切都是自己分内的事，不值得记之传之。可想到中国声乐发展需要一个历史的本来面目，作为这一历史发展的参与者和经历者之一，自己有责任和义务将这段历史的真实情况加以记录，以备后人参照和借鉴。

多谢步涛，作为我多年的挚友，他为本书做了大量具体实效的工作，贡献良多。民牛同志为本书做了大量工作，在此一并表示谢意！

在人类文明史上，我们中华民族历来都是尊礼重乐的，所谓"礼别异、乐合同"，重在"乐"有社会和谐作用。在当今中华民族处在伟大复兴时期，相信我们的中国声乐犹如伟大的"中国梦"一样，必然会迎来她繁花似锦、灿烂辉煌的那一天。

是为序！

金铁霖

2013年4月16日

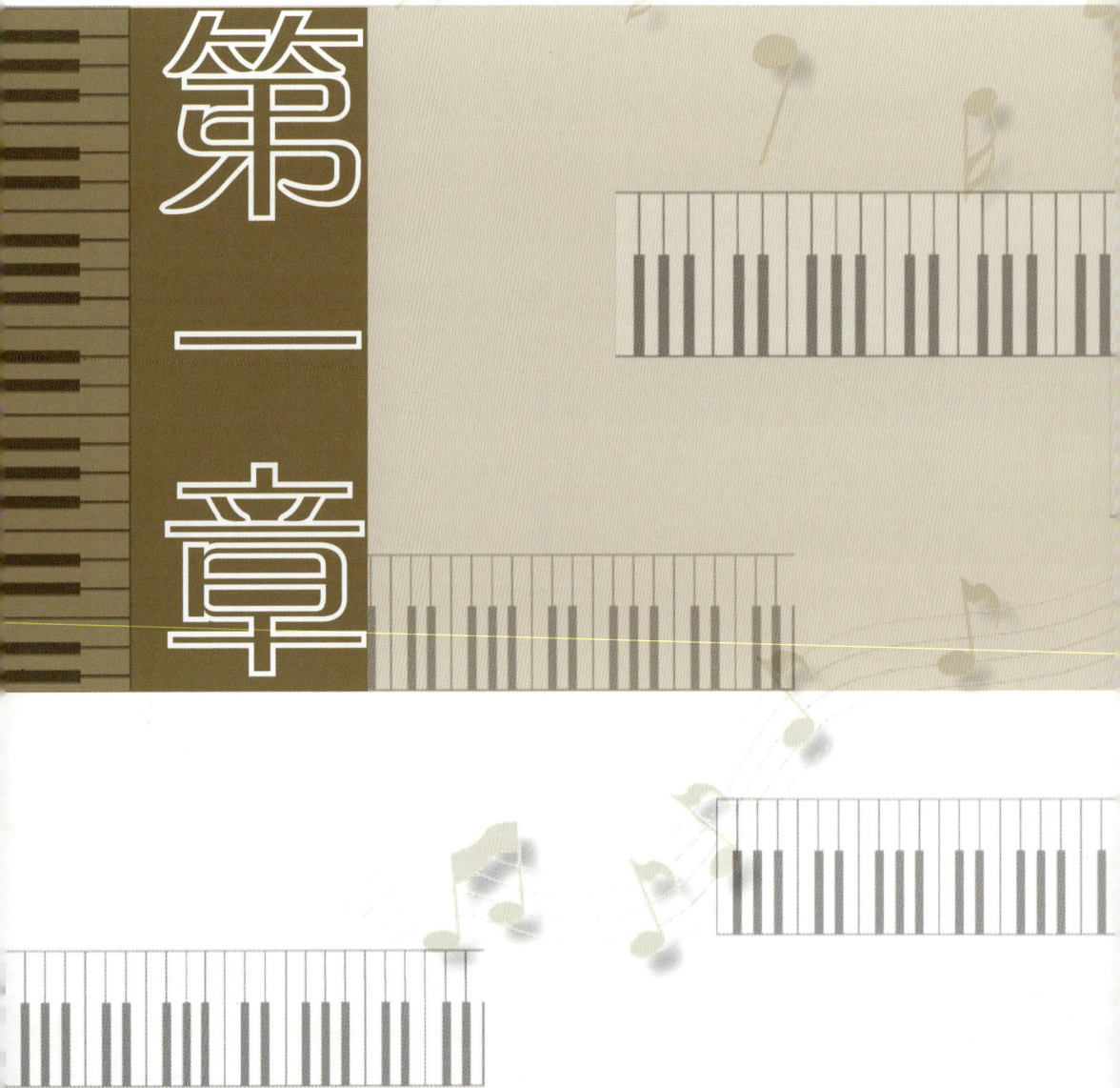

第一章

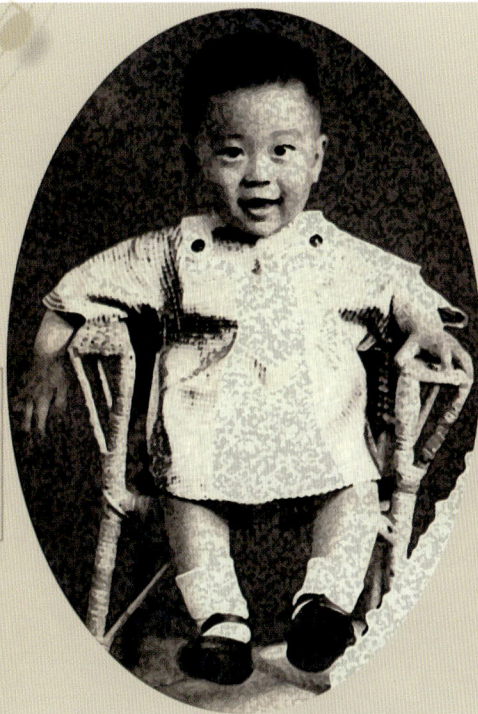

【家族及出生】

▷ 20世纪初，清朝末年锦县火车站

▽ 19世纪末20世纪初，中国东北地区街市场景

1. 本姓爱新觉罗

　　我姓金，很多人都知道的，但说我本姓爱新觉罗，知道的人就不多了。实际上，我也是到上世纪80年代初才知道自己本姓爱新觉罗，那是改革开放后不久的一天。那天，我收到了一封信，看称呼是我一个侄辈人写给我的信，但落款却是爱新觉罗什么的。我感到很奇怪，也很好奇，花了一段时间了解，看了家谱，才知道自己是满族，姓氏是爱新觉罗。至于我那个爱新觉罗和清朝皇帝有多大关系，属于哪个分支，我就没有去深入了解，至今也不太清楚他们之间的关系。我常想祖上的荣耀和功德对我们后人来说更多的应该是精神上的滋润和激励，我们每一代人都有自己的时代使命，自己的人生追求，只要我们能做好自己，为我们的民族和我们的社会做些实实在在的事情，我想就不会愧对祖先的血脉相承，不会愧对父母的养育之恩。

　　我的祖籍在辽宁省锦县，即今天的辽宁省凌海市。她位于辽宁省西南部、渤海辽东湾畔，是一座美丽的沿海城市，素有"辽西走廊上

△ 辽宁境内的明长城

一颗明珠"之美誉。听老人们说，我祖上多有为官者，但官做得都并不太大。到了我爷爷那辈，家道则是完全破落了，主要是以务农为生，但农闲时爷爷也给村里的孩子教教私塾，贴补家用。我爷爷名叫金缄山，村里老人都称呼他为金老先生。听家乡人讲，我爷爷身躯伟岸，饱读诗书，在乡里很有威望，属于乡绅式的人物。清末民初时，国家战乱频发，民不聊生，东北地区也是军阀林立，割据一方。各方都需用人，也有军阀开出了优厚条件，延请我爷爷出山辅佐，但都被我爷爷婉言谢绝。也许是生活的劳顿，也许是身逢乱世有志不能舒展而心情郁郁，我爷爷不到四十就病故了。那时，爷爷最大的孩子，也就是我父亲也只有十多岁。从此，全家重担的一半就压在了身为长子的我父亲身上。

我奶奶娘家姓吉，嫁于我爷爷后，人们都叫她金吉氏。奶奶娘家还是比较富裕，我见过我奶奶，印象中的奶奶是个温良敦厚的人，面目很慈祥、很温暖，做什么事都不紧不慢的。对奶奶印象最深的就是，不管春夏秋冬，她总是穿着盖过膝盖、斜开门的大褂子，而且将头发盘在头顶上，一直到临终都没有改变过。后来我才知晓这种装束就是满族旗人比较典型的一种妇女装扮。爷爷奶奶一共生育了五男二

女七个孩子，可谓多子，但真正享福的时候并不多。

20世纪80年代后，也就是改革开放1980年后，每次需要填什么表或被人问起是哪个民族时，我知道我应该回答是满族了，可在那以前我一直以为我自己是汉族，而且也一直在履历表里填的是汉族。虽然个人的身份和渊源在历史变迁的大环境中微不足道，但在有生之年，我能知道自己的根、自己家世的情况，这不能不说是件值得庆幸和欣慰的事。

作者手记：

　　当金铁霖被我们问到当年得知自己是满族，也许还是清朝皇帝"亲戚"他的第一感觉时，他愣了愣，看似严肃地回答道："其实我没有什么感觉。如果非得要我说出有什么感觉，那我只得说我庆幸生活在一个民族和谐共处的年代。虽然我人到中年后才知道自己是满族，才知道自己的'根'，但我心态一点都没有改变，我还是我，还是原来的金铁霖，我还得要为中国声乐发展继续努力工作。中国声乐是中华民族的，它是属于生活在这片美丽土地上的包括汉、满、蒙、藏等所有民族的，它是中华所有各民族音乐的融合和升华。"看到我们若有所思的样子，金铁霖忽然面带微笑，缓缓地说道："其实啊，当我知道我原来是爱新觉罗氏的时候，我还是蛮'高兴'的。"还没等我们反应，他自己先哈哈大笑起来，继续说道："如果我这个爱新觉罗真的和清朝皇帝那个爱新觉罗沾亲带故，供奉一个祖宗的话……"还没等金铁霖将话说完，一个字正腔圆的声音飘了过来，"给金大爷您请安了！"大家一愣，席间随即爆发了一阵欢快的笑声，金铁霖也故意扮了一下舞台的王爷派头，连连拱手谢礼："免了，免了，不能时兴这一套了，现在可是新社会了。"大家不禁又是一阵爆笑。

2. 出生地——哈尔滨

1940年6月21日，在黑龙江省哈尔滨市东傅家区南十六道街我父母

△ 1928年哈尔滨市地图
◁ 20世纪初哈尔滨市景图

的医院里，我出生来到了这个世界。我原名叫金铁麟，曾用名金铁林，后又名为金铁霖。听老人们说，我天生嗓门就大，第一声的啼哭就把我那从事医护工作的母亲吓了一跳！母亲为此还开玩笑地说，说我是听戏听来的，所以嗓门特大（我母亲是

◁ 金铁霖出生地
▷ 金铁霖周岁照片

戏迷，特爱看戏）。因是父母的第一个孩子，我的出生给全家带来了巨大的欢喜，也因此备受家人的疼爱和关注。在我满月时，父母还特别办了满月酒，据说有几十桌酒席，以示庆贺！当时很多人前来贺喜，尤其是哈尔滨医学界人士，其中就有哈尔滨当时最有名的眼科大夫石增荣博士。他是我父亲的好朋友。石博士还特意送了一个贺匾，上书"喜获麟儿"四个大字。他甚是用心，

颇费了一些银两，特意请了一位前朝清廷写诏书的遗老题写。这块匾我小时候还见过，当时年龄小看不出个所以然，只是觉得匾很大、字也很大，可惜这匾在多次搬家后丢失了。

哈尔滨开放得早，东西方文化在这里交融，建筑也呈现出多国色彩，尤其是欧式建筑，直到今天也仍然是哈尔滨一道独特的风景线。我小时候家就安在一栋欧式建筑里，有三层，我们住在一楼。记得房子面积也挺大的，临街的前厅是我家开的医院（按现在的标准顶多算是个诊所），后房是我们全家住的地方。上世纪30年代，我家住的那栋建筑的二楼曾有一家名叫东兴的旅馆，后来才知道现代著名女作家萧红曾租住在那里很久，并在那里遇见了同样是中国现代作家的萧军。现在，萧红住的二楼已成了文物保护单位，而我出生的那栋建筑依然保存得相当完好。

◁ 萧红（1911-1942），黑龙江省呼兰县人。我国著名女作家，被誉为"30年代的文学洛神"。其作品有着浓郁的抒情气息，表现出对穷人和妇女的悲悯与同情。作品包括《生死场》、《呼兰河传》、《马伯乐》等

在哈尔滨最美好的季节里我来到这个世界，我对哈尔滨充满感情和热爱！

哈尔滨，这座被誉为"天鹅之城"的历史文化名城，早在两万多年前的石器时代，就有了人类活动。八百年前女真族就在此建立了早期城邑，而对中华民族的形成和发展有着重要意义的辽金两朝都发源于东北，从而首次沟通了长城南北，成就了中国历史上新的版图。他们根植北疆，创造了独特的多元文化。随着17世纪中叶女真族入关，大清帝国的建立，中国封建社会最后一个王朝由此发端。而这个王朝，不论是在地域版图还是在风俗文化等其他方面，都奠定了我们今天现代中国的基本框架。

19世纪末，哈尔滨地区村屯就达到近百个，居住着满、汉等多个民族，人口达五万多人。1898年，随着中东铁路的修建，以沙俄为首，日、美、法、意、英等列强纷纷进入哈尔滨，在给哈尔滨带来殖民统治同时，也使哈尔滨得以迅速崛起，西方的文化、思想，乃至生活方式都给这座城市带来了深远影响。据记载，20世纪初，哈尔滨就生活着来自30多个国家的近17万侨民。经济文化的空前繁荣使哈尔滨成了当时东北亚最负盛名的国际商埠和东西方文化交融的城市。这里，100多年前就奏响过柴可夫斯基的《1812年序曲》，这里，曾有过世界顶级音乐家前来定居。中西方文化的碰撞、交融和贯通，使得这座城市有"东方莫斯科"、"东方小巴黎"和"音乐之城"的别称。时至今日，哈尔滨仍保存着很多西式建筑，仅中央大街1400米的长街就有拜占庭式、巴洛克式、文艺复兴式等多种精美建筑。特定的地理

条件、历史条件，使哈尔滨具有鲜明的个性特征。这是座历来都是多民族不断交融的城市，这座从来未曾有过城墙的城市（这在中国城市文化历史中很少见），中原文化和金源文化，本土文化和西洋文化交融重叠出哈尔滨特有的文化，她集中表现了文化的兼容性、开放性和国际化。虽然说1940年的哈尔滨，处于日本军国主义殖民统治之下，可以说是历史上最为黑暗和严酷的时期，但兼容性、开放性和国际化的文化特性却成了居住在哈尔滨这块土地上中国人反对殖民统治、抗战救国的利器。我就是在这种环境氛围中来到了这个世界，并最初由这里触摸、感受这个世界。哈尔滨给了我启蒙和滋养，我对音乐的感觉、我的性格都可以在这座城市找到她最初的影子。

哈尔滨也是一座文化音乐之城，是音乐家的摇篮。松花江水滋润了音乐家甜美的歌喉，肥沃的黑土地给予了音乐家丰富的灵感，浪漫的雪花和茂密的大兴安岭森林，使音乐家插上了放飞理想的翅膀。哈尔滨因此走出了傅庚辰、刘锡津这样的作曲家，产生了如郭颂、李双江、殷秀梅这样的歌唱家，还出现了滕矢初、冯少先、宋士芳这样的钢琴演奏家、月琴演奏家和京胡演奏家。一座城市能集中出一批杰出的音乐家、艺术家，这就不能说是偶然了，它是和这个城市环境氛围和文化传承密切相关的。1981年，我回到哈尔滨，代表刚刚复办的中国音乐学院在家乡招生，面对那熟悉的山水风情以及那热情洋溢的家乡人民，心潮澎湃，有感而发将著名编剧、歌词作家凯传作词的《哈尔滨，我心灵的光》谱成歌曲，借此来歌颂故乡，表达我对故乡的深深眷念和热爱。

△ 《哈尔滨，我心灵的光》词曲歌谱

　　金铁霖对家乡哈尔滨有着解不开的情结。不止一次，当说起哈尔滨，他总是如数家珍地和我们聊起哈尔滨那光荣的过去、生气勃勃的现在及她的美好未来。尤其是对哈尔滨那充满音乐神秘元素的城市氛围，他至今都会感叹不已并对哈尔滨养育了自己怀着深深的感恩之情。2002年，吉林电视台曾以金铁霖那份深挚的乡情为主线拍摄了一部题为《回家》的专题片，就是通过对金铁霖回乡探亲访友追踪报道，全面而又形象地表现了金铁霖对故乡的爱、对亲情友情的珍惜和呵护。这部片子在电视台播放后引起了不小的反响，可金铁霖却觉得他所做的一切都是心灵深处的驱使，都是感情的自然流露。近年来，由于各方面原因，金铁霖回家乡的次数越来越少了，可他却多次在我们面前表露出想"常回家看看"的愿望，他对故乡哈尔滨的热爱经常在我们的采访中显于言表，他常说，一个人不管他走到天涯海角，他都不能忘了他的根。

3. 父亲、母亲

　　我父亲叫金玉璋，生于1895年，逝世于1960年。父亲在家排行老大，下面有4个弟弟，2个妹妹。父亲儿时家境并不宽裕，但他很小时

△ 金铁霖的父亲和母亲

就很有志向，人也很聪明。也许骨子里承继了家族遗风，他很早就显现出自我奋斗的秉性。爷爷去世后，家里再没有条件供他读书，相反，作为长子的他，还肩负着帮助母亲抚养弟弟妹妹的责任。但即便如此，他仍心怀抱负，不忘读书。那时的父亲只去私塾或学校做工，即使工钱低些，他也只在私塾或学校做工，为的就是做完事后可以听课读书。就这样，靠着给学堂打工，父亲通过"勤工俭学"完成了基础教育。凭着这股奋发求知的欲望，父亲后来考入了沈阳一所医学院西医专业，从此开始接受正规的学院教育。毕业后的20世纪20年代初，他北上哈尔滨，落脚在哈尔滨东傅家区，开了一家自己的医院，名叫福安医院，开始了从医生涯。不久，孝顺重情的父亲便把我奶奶和叔叔姑姑接到了哈尔滨一起生活，还安排能读书的弟妹上学读书。我的一个叔叔也因此学医，毕业后也从事医务工作，还在离我父亲开

设的福安医院不远处开设了一家医院。从此，父亲全家就在哈尔滨安顿了下来。

我母亲叫刘静宜，生于1912年，逝世于1992年。母亲在家里也是排行老大，是长女，虽出生在哈尔滨，但我姥爷却是闯关东来到哈尔滨的，是山东人。姥爷闯关东来到哈尔滨时，正值俄国人修建中东铁路，于是便入了俄国人开的工厂工作，凭着自己的好学和勤奋，做到了翻砂工这门还算是有技术的工作。我姥姥是哈尔滨本地人，承继的传统东西比较多，我记得她还裹着小脚。姥爷姥姥婚后共育有五个孩子，三男二女。受当时封建礼教的影响，我的三个舅舅都被送到正规学校接受了教育，而且书读得还都不错，都成为了专业人士，其中我大舅是翻译，二舅是公务员，三舅则是个医生。不像她的三个兄弟，我母亲和我小姨就没这么幸运了，有着"女子无才便是德"思想的姥姥给自己女儿的任务就是在家做家务、带孩子。也许更多地继承了姥爷山东人倔强和不服输的性格，母亲不相信自己不能学知识，也不甘心自己一辈子没文化而只做男人背后的女人，她要学文化、学知识。于是她便偷偷地利用照顾弟弟、带弟弟出去玩的机会，背着弟弟去读当时教会举办的免费的贫民学馆。就这样，母亲在将弟妹们带大的过程中，自己也断断续续地读了好几年免费的学馆，而且还琢磨出一套自学的方法来。弟弟们的课本成了她的自学课本，弟弟们有时也成了她的小老师。虽然没进入过正规学堂，也没有什么学校文凭，但母亲通过自学所获取的知识已达相当的水平。在母亲十五六岁的时候，她凭着自己的能力，通过了当时还是由苏联人管理的中东铁路组织的

考试，进入中东铁路医院护士专业学习。通过专业学习，她很快通过了护士专业资格考试，并学会了俄语，不久母亲便能讲一口流利的俄语。

父母这种自主学习能力也许遗传给了我。在我这么多年的学习过程中，特别是在民族声乐教学过程中，不断地自学和创新，是我在中国民族声乐事业方面能取得一些成绩的法宝之一，当然这是后话了。

母亲长相漂亮、文静，气质高雅，她还曾在哈尔滨选美比赛中拿过名次。因与西方人特别是俄罗斯人接触较多，她显得洋派十足，生活上也西化得厉害。1935年，苏联把中东铁路卖给了日本，随即日本人全面掌控了中东铁路。因看不惯日本人的专横和对中国人的欺诈，母亲在日本人接管中东铁路医院不久后便辞了职。在家赋闲期间，在一次哈尔滨医学界朋友聚会上，母亲结识了父亲，随后两人便相知相恋，不久就结了婚。听说父亲迎娶我母亲的那天，家里摆了数十围酒席，还在戏院里包了专场，很是热闹了一番。婚后，父母共同经营福安医院，一个为医生，一个是护士，由于医术高超，远近都很有名气。由于父母都懂些外文，因此吸引了一些外国人特别是俄罗斯人前来求医。当时哈尔滨的评剧名角如喜彩苓等，他们都乐意将福安医院作为他们的"定点医院"，一遇到身体有什么不适，都喜欢来问诊，他们也因此和我父母成为了朋友。

还有一个让方圆几里的人都愿意来福安医院就诊的原因就是父亲的为人。父亲待人和善，极富同情心；他做事认真、谨慎，从不说伤害别人的话。父亲也从不会为利而放弃作为一个医生的职责，即使有

一些穷苦人家看病没有钱时，他仍会热忱接待、救治，看完后还经常送些药给付不起药费的人。父亲因此深得人们的尊敬，被许多人称为"金善人"。

至于母亲，则将山东人的豪迈性格和她所受的西方的人文教育有机结合在一起。对丈夫所做的一切"善事"，她都给予完全的支持。同时，母亲还广交朋友，家里经常宾客如云。对钱财，她也从不看重，有多少花多少，谁困难就帮谁。

母亲还非常爱看戏。当时我家住的地方文化氛围特别好，正对面是当时哈尔滨著名的"新世界"，拐弯就有家电影院，附近还有个史上有名的华乐评剧院，里面的名角像喜彩苓、喜彩燕、刘小楼与我母亲都很熟。如晚上没什么大事，父母总爱去听戏或看电影。我还记得小时候我也经常去，因为剧院里的人都认识我，我就从来不用买票，不仅我不用买票，我带进去的小伙伴也不用买。有时我在想，我痴爱音乐，我将声乐当做自己终生事业，与父母喜欢艺术不无关系，与儿时的成长环境息息相关。

母亲很豁达，对人对事都很大气。我从来不曾见过母亲在背后说别人什么，即使对自己的儿媳或女婿，她也从来不曾在背后说过任何评论性的语言。她这种宽容和理性的性格一直到老都基本没变，也在无形中深深地影响着我性格的形成和发展。

1960年年底，父亲因病去世。父亲走得很快、很突然，距我去中央音乐学院读书还不足两个月。为了不影响我的学习，家里当时还没

◁ 幼儿时期的金铁霖和母亲

◁ 20世纪70年代，母亲和金
铁霖及两个妹妹全家相聚
哈尔滨

△ 20世纪80年代，金铁霖和母亲

把消息告诉我，直到一个月后，同学陈信昌来北京进修，我才得知父亲已经过世的消息。在陈信昌帮助下，我回了一趟哈尔滨，并在父亲的坟前大哭了一场。没能见父亲最后一面，为父亲送终，这是我人生最大的憾事，也是我心底永远的痛！

父亲去世后，家里经济状况变得很困难，母亲为此尝尽了艰辛。1965年我大学毕业参加工作后，就开始寄钱给母亲贴补家用，并资助妹妹们上学。虽然寄钱给母亲的数额随着时代的变迁和妹妹们参加工作有所变化，但我还是尽自己所能，尽量给母亲寄多些。我没有其他的想法，只不过想尽自己之力能让母亲过好些。晚年的母亲患上了老年痴呆症，慢慢地，母亲都不认识家里的其他人了，可唯独对我还一直都认识，都很亲近。那几年，无论我工作多忙，我都会尽量抽出多一点的时间和我夫人马秋华一同去陪伴母亲，和她说说话、聊聊天。1992年，在父亲去世32年后，母亲也驾鹤西去，享年80岁。

　　"百善孝为先。"在谈到父母的点点滴滴过往旧事时，金铁霖说得最多的就是这句话。

　　对父母，虽然我们面前的金铁霖在回忆过程中表现得很平静，但从他的语气、从他的用词造句、从他不经意中显现出的肢体语言，我们还是感受到了他对父母深挚怀念和无法割舍的血脉之情。"哥哥很孝顺母亲，也很顾我们这个家。"金铁霖的大妹妹金焕英在谈到哥哥时不禁赞叹。"哥哥刚上大学就遇上了父亲去世，可以说哥哥完全是靠他自己完成了大学学业。而我上大学和妹妹读书时，哥哥资助了许多，其用心我们都知道，他是想减轻母亲的负担。母亲老了以后对哥哥可以说是很依恋，在她人生最后的那几年，哥哥总是尽量多地抽出时间来陪伴母亲，陪老人家说说话。虽然患有老年痴呆症的母亲后期很多人都不认识了，但直至最后她都能认出哥哥来。在哥哥的精心照料下，母亲是安详地离开这个世界的。"

　　"其实，我只不过尽了为人子、做人兄应该尽的一份责任。寸草春晖，父母的生养之恩情是我们做儿女一辈子都报答不完的。"说这话时，金铁霖将目光投向了远方，像是在找寻什么，许久都不曾说话。

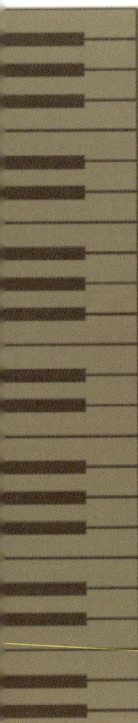
第一章
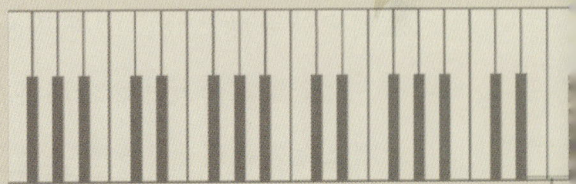

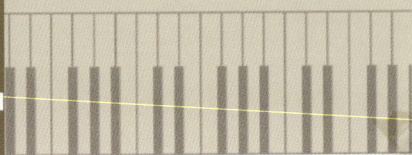

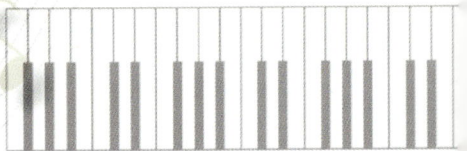
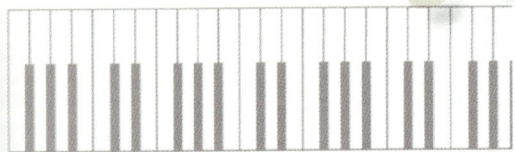

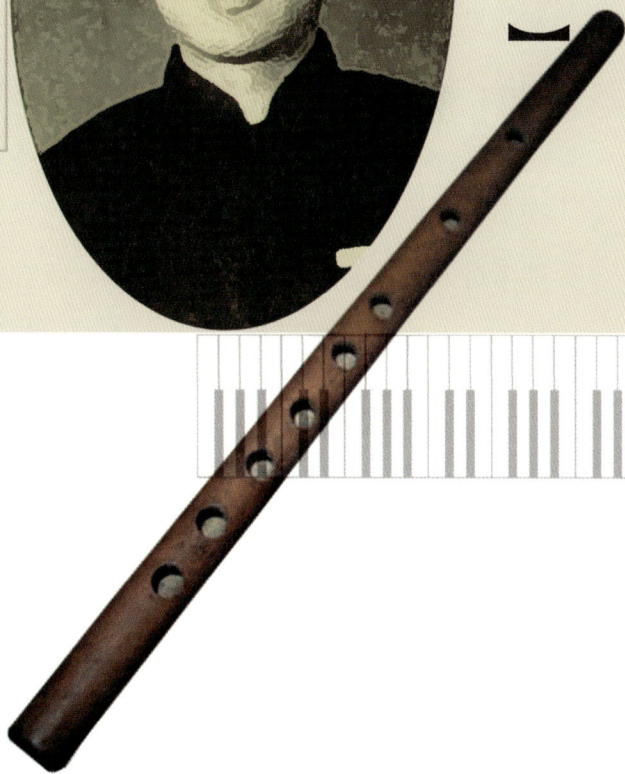

【童年往事】

1. 东傅家区的"孩子王"

我的童年是快乐的，是在无拘无束和天性自由发挥的状况下度过的，而这一切都来自于我的家庭文化氛围，表现在父母都不怎么"管"我。

哈尔滨市东傅家区是过去的叫法，现在名叫道外区。虽说是父母唯一的男孩，但小时候的我并没有被特别宠爱，相反，父母给了我很大的自由发挥空间。父母的医院事多，工作也比较繁忙，加上受西方文化影响较大，特别是我母亲，行为作风多有俄罗斯文化痕迹，因此对我以及两个妹妹的教育全没有那个时代常有的中国传统式的做法，相反，从今天的角度来看是颇为先进的教育方法：不束缚，有规矩，重引导。父母的"放手"，使我们兄妹就像一只只被放飞的小鸟，并在自由中培养我们学习的兴趣和能力，快乐并自由地成长。我和妹妹能考进大学，而且都是不错的大学，我看多是得益于我家这种教育模式。而在上世纪五六十年代，一个家庭孩子都能考取大学，这种情况是不多见的。

因为父母在当地人缘好，又经常免费帮助一些看不起病的人治病，很多当地人都称我父亲为"金善人"。作为他的儿子，我自然也被很多人所认识，从而也为我的淘气提供了广阔的空间。上小学后，由于我长得比较高大壮实，我自然成了远近闻名的"孩子王"，全院三十几户人家的孩子基本都听我的。那时学校只上半天课，一放学，

我就带着一大帮孩子玩，玩各类型的游戏，还颇有组织和安排。家长们也都很"配合"，有时玩到哪家就吃在哪家。哈尔滨解放时，我刚上小学，记得当时玩得最多的游戏就是抓特务，有时还组织开小型运动会。最高兴的是逢年过节，因为每到这时，除了可到每家吃好喝好外，我们都可以接受一项"光荣任务"，那就是为街道居委会分撒传单。为了更好完成"任务"，我总是带领着小伙伴顺着一架晃晃悠悠的大木梯爬上楼顶，为的就是将传单撒播得更远一些。当我们将写有"中国共产党万岁！毛主席万岁！中华人民共和国万岁！"等各色传单撒向人群的时候，我和小伙伴那份高兴和自豪至今我还难忘。有时我们还学着领导模样，向游行队伍挥手致意，因为居高临下，看见浩浩荡荡的游行队伍行进高喊口号，高唱革命歌曲，感觉很是壮观！而当队伍走远，我们又赶着队伍追去。我大妹妹那时还小，又是女孩

△ 金铁霖就读的惠黎小学历经合并，早已不存在，现小学所在地为一幼儿园

△　金铁霖与陈信昌（后弹曼多林者）回味儿时欢乐

子，我们从楼台要往下跳时，那台阶有两米多高，她经常因为害怕都不敢跳，好几次都是我一脚将她踹了下去。直到今天，我大妹腿上仍能见到那时摔伤留下的疤痕，那是我的"杰作"，是我留给大妹永远的记忆。

虽然我的"淘"在我们那一带很有"名气"，虽然父母都不怎么"管"我，但也绝不允许我犯原则性错误，如撒谎，做欺负别人、损害别人的事等等。父母虽都很开明，一般都不打骂孩子，但凡有人告状或闯祸有了严重后果，父亲都会狠狠地训斥我，严重时也会动用"家法"来处罚我。渐渐地，我懂得了一个道理：凡事都应该有个"度"，都有个"理"，掌握这个"度"和"理"是非常重要的。渐渐地，我也不淘气了，一则是因为随着年龄的增长觉得那样的玩法幼稚了，但更主要的是我发现了有一样东西对我更有吸引力，我感到这件东西更有意思和更加好玩，那就是乐器。我开始爱上了音乐，特别是爱上了能奏出音乐的各种乐器。那时，我刚满10岁。

作者手记：

金焕英对哥哥的"淘"感受最深，被"伤害"得也最深。当金焕英给我们现场展示她腿上至今仍清晰可见的伤疤，并在那儿绘声绘色地描述着哥哥如何几次将她踹下高台时，坐在一旁的金铁霖也和我们一样，俯身看着金焕英腿上的疤痕，突然幽幽地来了一句："我怎么过去没注意啊，我

怎么现在才看到啊！"一席话惹得我们忍俊不禁，金铁霖自己也在那儿嘿嘿地笑了起来。

金焕英记忆中的哥哥被父母训斥甚至不多见的几次挨揍都是源自自己的摔伤。"不过哥哥还是愿意带着我去玩。"已到老年的金焕英回忆这些往事仿佛回到做哥哥"跟屁虫"的小妹妹时光。

实际上，在同龄人孩子当中金铁霖算是懂事早的。"很奇怪，好像仅仅过了一个早上，哥哥就不淘了。"金焕英至今好像对这件事还充满着好奇，"原来淘气得远近有名，忽然有一天像个小大人似的再也不和其他小朋友出去疯玩了，说是没兴趣了。大人们开始没太注意，后来才发觉金铁霖安静了许多，喜欢看书和听音乐了。父母为此很是欢喜，连夸哥哥长大了、懂事了，可实际上那年哥哥才刚刚点了10周岁的生日蜡烛，刚刚10岁。那是我第一次看见过生日要点蜡烛，所以印象深极了。"

2. "不公平"的交换
——小竹笛的故事

父母宽松的教育方式给了我极大的自主空间，养成了我从小自主安排自己事情的意识。玩过、淘过、闹过之后，我发现了有一样东西

更好玩，更有意思，也更能让自己痴迷，那就是能奏出各种美妙音乐的乐器。

这其中，有两个人对我喜欢音乐有相当影响，一个是我同学陈信昌的姥爷任白欧先生，另一个就是我三舅刘伯钧。

我就读的小学是哈尔滨的惠黎小学。上小学后，我有个同学叫陈信昌，我们俩很快成为了好朋友。陈信昌姥爷曾留学日本，虽然专业学的是医学，但弹得一手好曼多林（一种源自意大利的弹拨乐器，现称曼陀铃）。陈信昌自小就跟着姥爷学弹曼多林，上小学我们认识时他就能用曼多林奏出曲子来了。记得有一天放学后，我们在他家玩得正起劲，他姥爷弹起了曼多林，那美妙的琴声一下打动了我，我第一次感觉到音乐是如此动听，觉得乐器是如此奇妙和有趣！虽然此前我也经常见三舅在玩多种乐器，三舅也时常给我拨弄下他的乐器，但自己真正想学、想自己也能用乐器奏出曲子来，就是从那时开始的。

那几天，我老想着乐器的事，但又摸不着头脑，不知去学什么乐器，如何去学。恰好这时，我有一个同学拿了一支竹笛到学校来。现在想来我那个同学也只是把竹笛当做玩具，因为他并不

▷ 金铁霖有了属于自己的第一件乐器——小竹笛

知道竹笛是一种乐器，他只觉得好玩，能吹出声来，可他当时却不知道怎样才能吹出声。我当时也不知道竹笛是什么，只觉得这竹笛能发出声来，应该和乐器一样，于是我便很想拥有它。我那时很想要一件属于自己的乐器，不管是什么样的都行，只要能弄出声音来。可小竹笛毕竟是别人家的东西，于是我想到用自己心爱的小皮球和他交换。在那个时代，小皮球对很多孩子来说是稀罕之物，一个小皮球的价值远远高过小竹笛。这样的交换，在当时可谓"不公平"。不过我一点犹豫都没有，就用小皮球换到了小竹笛。当时我还是很高兴的，我觉得小竹笛发出的声音比小皮球好玩得多，有趣得多。开始时，我也不知道怎么吹，更不用说吹出曲调来。当时我只是想既然别人能用那么复杂的乐器奏出音乐，这个小笛子我一定能学会它，让它也能吹出曲子来。于是我整天拿着小竹笛玩，自己琢磨，慢慢地无师自通就会吹了，而且还能吹奏出完整的曲子来。

今天看来，如果说那时的我对音乐的喜爱还是懵懵懂懂的天性使然，那么"皮球换竹笛"则让我开始触摸音乐（乐器）本身。音乐（乐器）在儿时的我眼里是和小皮球一样没有什么两样，都是拿来玩的；即使触摸到乐器本身，我也认为它可以不必让别人教而自己可以无师自通的。虽然现在的我当然认为要学好乐器或音乐必须经过专业学习和专业训练，因为乐器或音乐在现在教学体系中毕竟是一门学科或学问，但无师自通小竹笛的经历对我而言却是那么值得回味、那么有意义！这个经历让我懂得只要自己努力和钻研，世上许多看似不可能做到的事是可以做到的。同时，这个经历也让我从小就养成自己学

△ 任白欧先生

任白欧

　　音乐教育家。金铁霖儿时好友陈信昌的姥爷，生于1898年。广东人。幼年时随父母来到哈尔滨，少年时代在哈尔滨俄侨音乐学校学习钢琴、七弦琴、吉他等乐器。青年时代曾留学日本学习医学，回国后从事医务工作。1935年参加中共地下党领导的哈尔滨口琴社，后组织创建民间社团——"白欧弦乐组"，新中国成立以后继续从事医务工作。

△ 陈信昌，音乐家，国家一级指挥，金铁霖儿时好友

习和自主钻研的习性，它对今后我的求学和学问之路有着深刻的影响。几十年后，每当回想起成长经历时，我总会想到并提起"皮球换竹笛"这一故事。

作者手记：

　　一说起"皮球换竹笛"这一儿时记忆，金铁霖脸上露出孩童般的顽皮表情，显得有些兴奋。

　　"这个故事我说过很多次了，在不同的场合和许多次采访中。"金铁霖显然很乐意再次重述这故事。

"是的，我们看过类似的材料。"我们接上他的话头，"那今天您讲的是不是最权威、最标准的版本？"我们也开起了玩笑。

"那是当然。"金铁霖也顺着我们的话"严肃"地应答，"好吧，我现在就给你们授权。"说着，他开始装着找笔和纸，大家一看，都乐了，忙说："金教授，现在不急，不急。"

等我们都安静下来，金铁霖继续兴致勃勃回忆："虽然后来我学会了不少乐器，但小竹笛却是我人生第一件乐器，它是指引我通向音乐殿堂首座也是非常重要的桥梁。近来我常想，是什么力量当时有那么大的魔力让我痴迷于一根小竹笛，让我不厌其烦地反复练习，只是为了能吹出一个完整的曲调来？要知道我那时才刚刚读小学三年级，处在人生最没有定性和耐心的年龄阶段，但我却坚持了下来。而且即使将竹笛拿反了，最后还真的吹出了完整的曲调来。今天看来，一是周边环境的影响，哈尔滨整个城市的音乐氛围以及自己身边的亲朋好友喜好音乐这一大环境对我的影响；二是自己本身的兴趣，自己对音乐的兴趣。这种兴趣是否有与生俱来的天分，我不好说，但有一点是肯定的，兴趣是最好的老师，是人生一切事业的基础。"

3. 了不起的三舅

在我孩童时期，三舅刘伯钧在我眼中可是个了不起的人，按现在的话来说，我就是他最大的"粉丝"。三舅是我母亲最小的一个弟弟，只比我大14岁。我母亲作为大姐，小时候就是背着这个最小的弟弟长大的，因而也最疼爱这个小弟弟。记得我小时候三舅经常来我家，那时他还是个大学生。只要三舅来我家，家里准有好吃的或全家可以去下馆子，因此我很盼着他来。三舅很喜欢我，经常和我玩各种各样游戏。有时我调皮，作弄他，他也不生气。

到我渐渐懂事，我发觉我不仅是喜欢三舅，而且还很敬佩他。三舅是学医的，而且是正牌院校医学专业毕业的。除了做医生职业外，三舅还多才多艺。他不仅能说一口流利俄语，还会多种乐器，像钢琴、手风琴、吉他等等。那时三舅还没成家，还和姥姥姥爷住在一起，每次去三舅那里，或他来我家，他就像开音乐会似的，一会儿弹钢琴，一会儿拉手风琴，一会儿又自弹（吉他）自唱。那时的我就觉得三舅特了不起，有了小竹笛后，我开始萌发跟三舅学器乐的想法。

但如何学？学什么乐器？如何才能有属于自己的乐器？这些问题还真困扰着我，更令人烦恼的是，刚踏入青涩少年时期的我，自我意识刚刚萌芽，开始有了羞涩和不好意思的心态，故此有了一些真实想法都不愿和家里人说，包括三舅。于是我就特别喜欢三舅到我家里或我去他那里，因为只有那时我才可以摆弄一下他的乐器，过过心瘾。

▷ 年轻时的三舅刘伯钧

△ 20世纪80年代，金铁霖和母亲及三舅全家合影

那时的我，不管在外面和小朋友玩得多开心，只要听到三舅来了，我便立马往家里跑。当三舅演奏各种乐器时，我就坐在他身旁，看他的演奏指法，便默默记在心里。渐渐地，三舅看出了我对音乐的喜爱，尤其看到我居然拿了自己心爱的小皮球换回小竹笛，而且把笛子拿反了还能吹出曲调来，好笑的同时也觉察到我对音乐的某种天赋。此后，三舅便有意识地培养我的乐感，也时常教我些乐理知识。也许三舅在磨炼我的意志，也许他还在观察我是不是真的是从事音乐的那块料，自从我有了小竹笛后，他反而不让我去碰他那些乐器，特别是我最喜爱的吉他。他在鼓励我好好学习的同时，要求我必须先将小竹笛吹好，并承诺在我考上初中时，他会将他那把莫斯科产的名牌吉他送给我。

三舅的许诺给了我不小的动力。从此，除了学好学校的课程（必须考取初中才能得到三舅的那把名牌吉他，而在上世纪50年代初中期，初中升学率是不高的），我将大部分课余时间都花在了怎样吹好小竹笛上，还和陈信昌等同学组织了个小乐队，经常给同学和小伙伴们演出。到我考取初中时，我的小竹笛演奏已达到一定水平，三舅也兑现了他的承诺，将他那把心爱的吉他送给了我。从此，我有了属于自己的真正意义上的乐器，而这把乐器带给我的不仅仅是一种光荣，它更为我在打开音乐之门的道路上提供了一个前进的利器。

可以说，三舅是我真正意义上的音乐启蒙者！

▷ 20世纪80年代，看望已是渐渐变老的三舅

　　金铁霖对三舅刘伯钧有着很深的感情。这份感情，除了与生俱来的亲情，还包含着金铁霖对三舅在自己音乐道路上的理解与引导的感恩。每次回哈尔滨，即使有时因为事务繁忙不能亲自登门去看望三舅，金铁霖也总会打个电话向三舅问候。那年吉林电视台拍摄《回家》专题片时，金铁霖特意交代要去三舅家拍拍，请三舅也讲几句，于是我们看到这样一个温馨的画面永远定格在时间长廊之中：半个世纪后，当年依偎在舅舅身边听舅舅奏曲的金铁霖，如今在舅舅面前深情地弹奏着钢琴，一旁有一位金铁霖的学生还在那儿伴唱。我们不知道那时三舅的心情，但我们可以感觉到金铁霖是在用这种方式向舅舅表达自己的感激之情，并向舅舅汇报自己的事业成就。

第二章

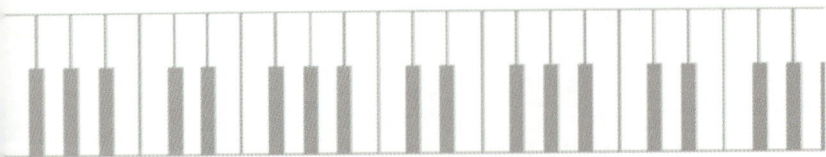

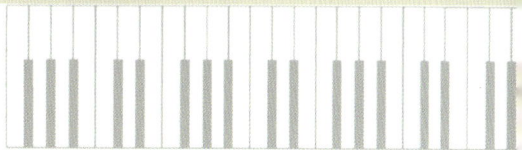

【少年岁月】

1. 爱音乐的小伙伴们

哈尔滨是中国的音乐之城，被联合国授予"音乐之都"（Music City-Harbin, China）的称号，哈尔滨获得这称号是当之无愧的。哈尔滨人喜欢音乐，热爱音乐，而且还懂音乐。在我少年时期，和我玩得比较好的几个伙伴，都很喜欢音乐，都懂点乐器。可以说，我是和他们一起接触音乐，并渐渐地走上音乐道路的。

先讲讲陈信昌。陈信昌是我小学、中学的同学，是我的发小。他姥爷任白欧曼多林弹得非常好，还收藏了许多各式各样的曼多林。陈信昌很小也就跟着他姥爷学会了弹曼多林。我有了小竹笛后，竟也无师自通地吹出曲子来，于是，我就和陈信昌、宋小敏（也是同学）自发组织了一个小乐队，我吹笛子，陈信昌弹曼多林，宋小敏弹三角琴，加上我妹妹和其他小朋友，放学后就在我们家临街的人行道上，又弹又唱，像开音乐会似的，经常吸引了不少路人，其中绝大多数是大人们在观看。而当看到精彩处时，大人们都毫不吝啬地将他们的掌声送给我们。可以说，我走向音乐舞台的第一站就是从这里开始的。

以后我和陈信昌就经常在一起合奏曲子，我整个兴趣完全转移到音乐上了。几乎每天完成学校学习后，我和陈信昌及其他小伙伴们就在一起吹拉弹唱。1953年，我们小学毕业，区里在哈尔滨道外区靖宇电影院举行小学毕业典礼。在毕业典礼上，我和陈信昌等同学组成的小乐队表演节目赢得同学们的热烈掌声，我还记得我们的节目在那晚所有节目中是最受欢迎的。这是我们小乐队第一次正式登台表演，也

算是我人生第一次登台吧。

那晚的表演让我和陈信昌出了"名"。上初中后，我们考取了同一所中学，依然是同学。初中期间，我和陈信昌经常受哈尔滨群众艺术馆邀请去参加各类演出，合作更加默契。高中后，我们虽考取了不同的学校，不在一个学校了，但我们仍有密切的联系。1960年，我考取中央音乐学院后，陈信昌上了哈尔滨艺术学院音乐系。毕业后，他一直在哈尔滨从事音乐工作，现在是国家一级指挥。几十年来，我们一直都保持着联系，友谊可谓愈久弥坚。

▽ 哈尔滨有很深的音乐文化氛围，群众性文化活动有悠久的历史和骄人的成绩

△ 与儿时的伙伴陈信昌（右一）、左连生（左二）、刘锡津（左一，中国著名作曲家，中国歌剧院院长）聚会

左连生也是和我一起长大的伙伴，他是和我同班时间最长的一位同学，直到高中，我们还都是一个班。我们两家住得也很近，经常上学放学都一起走。左连生家是做生意的，受我和陈信昌影响，他也喜欢上了音乐，也是我们小乐团的成员之一。高中时，他就立志以艺术为专业，并在高考时报考了哈尔滨艺术学院戏剧表演系，可他这一选择遭到了家人的坚决反对。尤其是他奶奶，反对最为厉害。因为我常去他们家，和他们家里人都很熟，左连生就让我帮他去做说客，而我也真的去了，还真的把他奶奶给说服了。左连生后来如愿以偿地上了哈尔滨艺术学院戏剧表演系，毕业后进入了哈尔滨话剧院工作，还做了院长。达成儿时梦想，真正成为一名表演艺术家。

　　李双江中学时是和我一个学校的，但不同年级，算校友。那时，我、陈信昌和李双江经常放学后一起去玩、一起吹拉弹唱。有时我们还去陈信昌姥爷家去找乐理以及其他音乐书籍看。

　　那时我们三个人自发组成了一个"小乐团"，我和陈信昌弹乐器伴奏，李双江唱歌，经常在群众艺术馆演

出，还参加过首届"哈尔滨之夏"音乐会表演，颇受大家欢迎。记得有一次我们出去玩，回来时坐车我们竟都忘了留车费钱，但要走路回家，那距离就实在太远了。当时我就提议先上车再说。上车后，我弹起了吉他，陈信昌也弹起曼多林，李双江合着乐唱起歌来，一路走，一路唱，引得全车乘客掌声不断，就这样，我们用一台"车厢音乐会"为自己买了票。临下车时售票员还对我们开玩笑说，欢迎下次还坐他们这趟车，而且还是免费，只要我们还开"车厢音乐会"。

还有一件事也与李双江有关。1956年哈尔滨下了一场大雪，积雪有一尺多厚。因我家是靠近街道的临街房，积雪妨碍了大家的出行，所以得尽快加以清扫，但如果请人来扫雪，得花相当一笔钱。李双江和陈信昌来找我玩，看到此景，就说我们自己干。于是，我们三个小伙伴用手推车一车一车往江坝上运雪，一路上我们还边走边唱，一上午就把雪清理干净了，为此母亲还专门做了顿丰盛的午餐来犒劳我们。

李双江后来也考进了中央音乐学院，我们又成了校友、系友，再后来，他成了我们国家著名歌唱家了。

作者手记：

据陈信昌回忆，他和金铁霖加入少先队有这样峰回路转的传奇：小学四年级时，有一堂美术课，与金铁霖同座的陈信昌因借前排女生的橡皮而影响了课堂秩序，被美术老师当即停止加入少先队的审批，金铁霖也被"连坐"，被迫延迟

入队时间。正当两个小伙伴郁闷之极的时候，恰好第二天区里有个活动，学校准备推荐会弹奏器乐的他们俩去参加。陈信昌就跟音乐老师说不想参加了，说美术老师把他俩入队时间推迟了，他们不能戴上红领巾参加活动没意思，甚至可能会给学校丢脸。音乐老师一听觉得有理，忙请示校领导，校领导也觉得是这个道理，便批示让他俩"火线"入队，并当场发了红领巾。就这样，他俩带上了红领巾。"是音乐让我和铁霖成了光荣的中国少先队的一员，那时我们班参队同学还不到全班的三分之一，入队后我和铁霖感到特高兴和光荣。"陈信昌现在说起这段轶事还眉飞色舞。

左连生是和金铁霖同学时间最长的一个，从小学一直到高中，他对金铁霖青少年时期情况很是了解。在他的眼中，少年金铁霖就为人诚恳，很讲情义；人很聪明，又好学，尤其擅长文体，除了我们所知的音乐才华，金铁霖的体育才能也非常突出，像篮球、乒乓球、台球、田径等，在同学中很是突出，是学校代表队成员。左连生还回忆那年拍摄金铁霖专题片《回家》时，金铁霖让他做牵头人和向导，说他最熟悉他在哈尔滨学生时期的情况。左连生也不负所望，不仅引领摄制组沿着金铁霖过去就读的小学、初中、高中一路采访，还把以前的老同学、老朋友们都集合在一起，让摄制组成功拍摄到金铁霖青少年时代经历的珍贵片断。在这次摄制过程中，有几个场景让左连生至今还津津乐道、感慨万千。一是金铁霖在他曾就读的小学故地待了整整一个上午，可实际情况是他们曾经就读的小学已经不存在了，如今小学已改

为一所幼儿园。即使这样，金铁霖还流连忘返，在他曾就读的教室里看了又看，并热情地教孩子们弹琴唱歌。二是在他就读的高中，哈尔滨第十二中学，就是从这里，金铁霖考取了中央音乐学院，走上了他实现音乐梦想的康庄大道。在十二中，金铁霖说得最多的话就是感谢，他说他至今都十分感激十二中老师对他的教育，永远都不会忘记母校对他的培育之恩。

2. 在哈尔滨，"小有名气"的我

1953年，我小学毕业，考取了哈尔滨第十中学。三舅也兑现了他的承诺，将自己那把莫斯科出产的吉他送给了我。从此，吉他成了我的宝贝，也为我在音乐之路上不断前行提供了新的利器。

经过几年的摸索，加上三舅、陈信昌姥爷的不时点拨，我与陈信昌的合奏组合愈加娴熟，还经常受邀参加省市文艺汇演。当时哈尔滨群艺馆有个领导叫魏中珂，她就经常邀请我们去参加各类演出活动，

◁魏中珂（中）曾是哈尔滨群艺馆馆长，后任国家文化部群众文化司司长，少年时期金铁霖很得她的赏识

魏中珂后来还出任过国家文化部群众文化司司长。演出多了，我们自然而然就成了哈尔滨文化界的"少年明星"。1955年，在初中二年级时，我和陈信昌合作演奏的两首曲子《丰收之歌》和《匈牙利5号》，被哈尔滨广播电台收录灌了唱片，经常在广播中播放。为此，我和陈信昌得到了我们人生中第一笔酬劳。记得有14元人民币，我和陈信昌每人各得7元。现在7元当然是很小的一个数目，但在当时国家刚刚实施币制改革，第二套人民币刚刚发行，社会物价已经很稳定情况下，7元就不是一笔小数目了，基本就是成人一个月生活费。这次酬劳所得，钱多少对我们那个年纪的孩子来说还没有什么概念，记得我和陈信昌每人只花了1块多钱在外面庆祝了一番就将剩余的5块多钱都各自交给了自己的母亲。灌了唱片，作品在电台中时常播放，对我们来说虽是光荣的事但也没觉得有什么，少儿时期的我们对所谓名声的感觉还不如和小伙伴们痛痛快快地来场球赛实在。这次经历带给我们最重要的就是对自己能力的信心以及对音乐的更大兴趣和追求，我认为这才是最为重要的。

1957年的一天早晨，在哈尔滨松花江抗洪大堤上，当我们学校的

▷ 初中就读的哈尔滨市十中，现为哈尔滨市靖宇小学

师生在劳动工地上听到广播中传来由我和陈信昌合奏的《丰收之歌》时，作为演奏者同学的他们沸腾了，他们将我和陈信昌高高抛起，自豪和快乐都写在了脸上。那天，在老师们的鼓动下，同学们干劲大增，提前完成了工地任务。这件事给我以很大的震动，它让我第一次感受到了音乐的魅力和力量，也让我第一次感受到音乐绝非是自娱自乐那么简单的事了。

从初中以后，不管是班级还是学校，凡有文艺演出的，任务就自然地落在了我和陈信昌的身上。还是在初二学期，学校要选派节目参加哈尔滨学校文艺汇演，这个任务自然又落在了我们班，落在了我的头上。在同学们的协助下，我既当导演，又作曲又伴奏，排练了一台歌舞剧《小白兔》，深得老师和同学的喜爱。《小白兔》不仅获得了当年学校文艺汇演一等奖，而且还代表学校参加了区里、市里中小学的文艺汇演并拿了金奖。在颁奖会上，颁奖领导和老师很多都认识我，当我上台去领奖时，他们都称我是哈尔滨文艺"小明星"。

在这一阶段，我还无师自通广泛涉猎诸如二胡、扬琴、小提琴以及小号等多种乐器，我对音乐的感觉和热爱像青春的热情，浓烈且狂热，势不可挡。

除了音乐，我在中小学时还很擅长体育。当时我个头在同龄人中算是高大的，我对一切文体方面的活动都很喜欢，也很擅长，小学时我乒乓球打得比较好。记得我家对面是区政府办事处，办事处里有乒乓球台，每次我们偷偷进去打总被人家轰出来。有一天，他们举办一个什么活动，在进行比赛，我和伙伴们就跑进去观赛。毕竟是小孩，喜欢能打赢的选手，我们的助威呐喊声帮助了那位打得最好的选手获

得了冠军，谁知那位冠军恰好是办事处最高领导。也许赢得冠军心情好，也许看在我们几个小孩助威有力，那位领导很高兴。他特意走到我们身边，问我们是不是也喜欢打乒乓球、球打得怎么样？我当时就抢着回答说我们非常喜欢打乒乓球，而且还打得不赖，如若不信我们可以和他比试比试。那领导听我这样说，哈哈大笑，对我一挥手，说道："上！输了可不许哭鼻子哦。"我心里想，还没开打了，谁输谁赢还是个未知数呢，这样想着嘴上就不服气地问那位领导如果他输了怎么办？那位领导可能没想到我会向他挑战，便反问我想要什么。我说如果我赢了，你得答应今后我们可以来这里打球。他说这个简单，没问题，并答应如果我们赢了，我们什么时候想来打球都可以。我一听，来劲了，经过好几轮厮杀，我竟然真的赢了他。那位领导和其他在场的人都颇为惊奇，他们纷纷夸奖我球打得好，并答应遵守承诺。就这样，我为自己和小伙伴们赢得了每星期日下午可以在他们那里玩半天乒乓球的机会。除了乒乓球，在篮球、排球、田径等方面，我都比较突出，是学校校队成员。此外，美术课我也学得很不错。有时我在想，我这人可能与文体有缘，要不为什么自小我就喜欢文体而且一学就会，干得也颇为不赖。

🎼 **作者手记：**

也许正是从小就小有名气，这让金铁霖后来对出不出名并不怎么看重，虽然他培养了数十位中国乐坛"大腕"级的人物，被媒体称作"造星大师"。

"如果照一般情景而言，我是出名较早的了，至少在我们哈尔滨。但就我本人性格和观点来看，我还是喜欢踏踏实实做些实在的事，不喜欢浮夸、投机和浪得虚名。"在被我们问到如何看待自己"少年出名"时，金铁霖这样回答我们。"不过，下面这个观点才是我最想说的，也说了好多年，几乎和所有来跟我学习的学生都说过，那就是你在学好唱歌之前你别老想着出名，至少在学习阶段。你真正地能用心将歌唱好，你才有出名的机会。"金铁霖表情严肃地强调这一点。

　　金铁霖的学生、著名歌唱家阎维文对此就深有感受。阎维文在讲述他跟金铁霖学习期间他印象最深的事情时回忆："那个时候我也年轻，也正是在事业上闯的时候，除了跟金老师学东西外，心里就是想能通过大赛或者其他什么能够对自己有所肯定。在那个时刻，我印象非常深，金老师从开始就一直跟我说，你要坚信自己就是要扎扎实实学好自己的本事，其他事情不要去考虑。只要你踏踏实实去学，好好地唱歌，把你所有精力都投放在这里面，那些东西你不用去考虑都会有好的结果。"阎维文听懂并明白了老师所讲的道理，他除了自己实践着老师的教诲，还在2000年获邀担任全国电视大奖赛评委后当许多选手纷纷来找他帮忙时，他给这些选手讲的话就是当年金老师说的那些话，照阎维文的说法，就是他把金老师给他的这些好东西传给了别人，传给了下一代人。

△ 金铁霖高中就读的学校——哈尔滨市第十二中学

3. 落榜音乐学院附中却发现了声乐天赋

1956年6月，是我初中即将毕业备考高中的日子，出于对音乐的喜爱，在得知沈阳音乐学院附中在哈尔滨招生消息后，我很自然地想到报考沈阳音乐学院附中。

沈阳音乐学院是一所历史悠久、有着光荣传统的音乐学校，它的

△ 沈阳音乐学院附中首任校长李劫夫（1913—1976）。他是中国著名歌曲作曲家，音乐教育家。曾任延安人民剧社教员，东北野战军第九纵队文工团团长。沈阳音乐学院教授，院长。一生创作了2000多首歌曲，绝大部分为中国观众熟悉的民族音乐。代表作有《我们走在大路上》、《歌唱二小放牛郎》、《蝶恋花——答李淑一》

沿革可以追溯到延安鲁迅艺术学院，"紧张、严肃、刻苦、虚心"是毛泽东为延安鲁迅艺术学院题写的校训。沈阳音乐学院附中建校于1953年，首任校长是李劫夫。

父母一如过去那样，没有对我报考沈阳音乐学院附中决定表示明确的赞成或反对。父亲只是告诫我，音乐作为爱好和作为专业是两回事，作为专业它必然也就有科学性和规范性的存在，而越早掌握其中规律性的东西，我们就越能接近问题的本质。父母还告诫我，凡事不做便罢，做了一定要认真去做，要尽力把它做好。

当时沈阳音乐学院附中也是分专业招生的。按理我应该选器乐来考，因为那时的我已对多种乐器都有所掌握，考器乐相对来说考取的把握性更大些，但我却选了作曲专业来考。如此选择，有两个主要原因，一是那时我所知道的伟大的音乐家像贝多芬、莫扎特、巴赫都是作曲的，都有伟大的作品传世，对他们的崇拜让我觉得作曲在音乐专业中是最了不起的，是最让人敬佩的，因为作曲家写的曲子不仅可以传唱，还可以流传，且创作又不受年龄、时间、空间和各种物质条件的限制；第二个原因则是那时的我曾尝试写过一些作品，比如歌舞剧《小白兔》的部分曲子，当时不少人就给这部剧以很好的评价，我也因此受到很大鼓舞，而这也是我报考作曲专业的原因之一。那年考作曲的学生有200多名，考到只有12个人的时候，我还位列其中。可在最后一轮考试中，我被淘汰了。究其原因，主要是我专业基础知识不足，单就没有学过钢琴就是最大的弱项。哪个作曲家不会用钢琴？落榜音乐学院附中后，我虽然有些沮丧，但由此我悟出了一个道理，那就是光靠天赋和兴趣是不够的，音乐也是一门科学，它也有自身的专业知识和技能要去学习。要成为专业音乐人，还得去学习，去拜师学艺。

这次考沈阳音乐学院附中，还有个插曲。考试中，到了最后一

关，主考老师知道我作曲专业是录取不了了，但又觉得我是搞音乐的料，于是就即兴让我演唱一首歌来听听。那时我主要是玩乐器，正儿八经地唱歌还真没有，但在考场上主考老师提出让我唱，我还是很高兴地唱了一首，不曾想主考老师听完后反应还很正面，他当时就建议我今后可以考虑往声乐方面发展。

那是我第一次听到"声乐"这个术语，我开始还以为"声乐"是乐器中的"笙"乐了。出了考场，我觉得不对，就去问一位考声乐的同学，那位同学告诉我，声乐简单地说就是唱歌。

很多年后，我仍记得这段插曲，还清晰地记得当时我唱的歌是《深深的海洋》。我在心里默默感谢着这位主考老师，是这位连名字我都不知道的老师，在不经意中打开了声乐——这我一辈子都在从事的事业大门。

沈阳音乐学院附中没考取，这对认识我的许多人来说都颇感意外。尤其是我的那些初中老师们，他们原本认为我一定可以考上音乐学院附中的，所以在参加普通高中入学考试上他们都没怎么管我。当我开始要准备哈尔滨高中统一招生考试时，我发觉离考试也仅有5天时间了。我突击了一下，结果成为了我们班上13名考取高中的人之一，我被哈尔滨第十二中学录取了。

高中三年学习期间，除了学校的课程，我还有意识地去学习音乐方面的专业知识，尤其是关于声乐方面的知识。因为学校离家很远，每天要步行近2个小时路程才能到学校，平时倒也罢，遇到刮风下雨那就真的是考验人了。尤其是冬天，那时哈尔滨冬天比现在还要冷得多，我每天都要起得很早，顶着风，赶去学校上早课。好在有左连生和我做个伴，我们俩就经常互相鼓励，"一路高歌"走路去上学。当时也没觉得有什么，但现在看来，高中三年，每天上学来回步行4个小时，一是

锻炼了身子，二是无形中磨炼了意志，还有就是充分利用了这步行几个小时练了歌，这样"歪打正着"的好事实在是"可遇不可求"，这对于当时尚处在少年时期的我来说，今天看来真是一个经历财富。

虽然落榜沈阳音乐学院附中，但我对音乐的喜爱和热情一点也没有减弱，相反因为得到那位主考老师的肯定，我对声乐又有了高度的兴趣。这时，有一个苏联艺术团在哈尔滨访问演出，我去看了，其中一个男中音的演唱深深吸引了我，我第一次发觉世上竟有如此优美的嗓音，歌声是如此清亮动听，于是，我就开始模仿他，居然模仿得惟妙惟肖并得到周边很多人一致赞扬。我开始领悟到模仿也是一种学习方法和手段，于是，我便通过家里的收音机模仿我喜欢的歌唱家的声音。哈尔滨群众艺术馆有个叫赵喜伦的老师，他对我的声音很是欣赏，觉得我有培养的潜质，于是便介绍了一个教声乐的白俄老太太给我当老师。因为语言问题（老太太不懂中文，我也听不懂她说的俄语），我跟老太太学了两个月便没有再去学了。虽然这两个月的声乐课并没有让我完全明白声乐科学体系，但声乐教学的一般形式和基本练习方法让我知道唱歌是有方法的，但至于是什么，那时的我无从得知，不过，那时我认为是模仿。

对模仿，我认为自己还是有一定的天赋。那时，除了细细揣摩从收音机里播放的歌曲，我还利用一切可能的机会去现场听演唱者歌唱。我很庆幸自己生长在哈尔滨这个中国的"音乐之都"。那时哈尔滨聚集了一大批知名的画家、书法家、歌唱家，他们都是在当时的政治环境下被"下放"到北大荒参加劳动改造的。值得庆幸的是当时的哈尔滨主要领导很懂艺术，他通过各种渠道把这些人都召集到哈尔滨，把他们安排到各级文化站或群艺馆工作，而这对哈尔滨文艺人才的培养起到很大的作用。哈尔滨人非常喜爱音乐，群众性文艺活动开

展得很红火，各类型文艺演出也很多，其中不乏来自北京中央文艺团体的演出。其中1957年中央实验歌剧院来哈尔滨演出时，男高音楼乾贵的演唱给我以极深的印象。楼乾贵声音干净、漂亮、优美，当时我特别喜欢他的声音，于是模仿起他，并且模仿得很像。楼乾贵那场演出对我影响很大，多年后，我还是这样认为，是楼乾贵让我第一次真正感受到一首歌竟能被演绎得如此完美和华丽！

这期间我还听过中央乐团的演唱会，还记得一些老歌唱家的演唱，像刘淑芳、魏启贤等，这些都给少年的我开阔了眼界，增加了见识，无形中又提升了自己的鉴赏水平和演唱水平。尤其是经过哈尔滨两位著名歌唱家张全、李书年对我的教育和指导，我的演唱水平有了根本性的进步，以至于高中期间有两次进入国家专业文艺团体的机会。

高中期间，我大部分时间都花在了音乐上，连我很喜爱的体育和美术，也因为时间问题不知不觉就很少碰了，但我的主课学得也不差，记得高中时期还有物理老师建议我选学科朝物理方向发展。因为在学习中经常会出现这样一种情况，即有的很难的或者需要分析的题目，别人都不会而我却能解题，但碰到死记硬背的、一般性的问题，我反而就不行了。现在回想起来，不是我怕死记硬背，我当时也背下了不少乐谱和歌曲，关键是我对那些东西没有兴趣，只觉得能应付就行了，但遇到我真正感兴趣的再难我都会下工夫将它弄懂。再有我也比较喜欢分析问题，高中时我的班主任多次表扬我分析问题能力强。通过我自身的经历，我深深地感到，兴趣是学习中最好的老师，而热爱则决定了你在这条路上能走多远！从这个意义上来说，我很庆幸在我的中学时期遇到了许多理解并支持我的兴趣和爱好发展的老师们，是他们给了我不小的助力，让我为以后的求学乃至治学之路养成了良好的学习习惯和思维模式，并由此奠定了坚实的基础。

金铁霖对母校——高中就读的学校哈尔滨市第十二中学是念念在兹。他在母校50周年校庆的时候（2002年）曾回到学校，在他曾就读的教室、曾就坐过的座位上坐了好长一段时间。他不止一次地对我们说过，高中三年的学习，在他的艺术上，在他的音乐上，在他的最后定位上都是很关键的，他非常感谢十二中老师对他的培养。

左连生曾对我们说金铁霖初中的时候根本不唱歌，他只玩乐器，像笛子、吉他和曼多林等。可到了高中以后，大家都觉得他说话声音很好听，那时候谁也不太懂这意味着什么，后来音乐老师也注意到了，就跟金铁霖说他应该学声乐。十二中这个音乐教员很厉害，他不仅在学校搞教学，而且也是市区文化馆、群艺馆文艺活动积极分子，经常组织学校和社会文艺演出活动。金铁霖上了高中以后就开始学声乐，先后跟过一位白俄罗斯老太太、张全（中国著名歌唱家）、李书年（中国著名歌唱家）学过声乐，这跟那位音乐老师或多或少都有些关系。不久以后，金铁霖突然就会唱歌了，而且唱得还很好。今天看来，除了金铁霖本身声音条件好、学的方法多以及聪明悟性强等个人因素在起作用外，十二中音乐老师以及通过这位老师认识的其他从事音乐的老师对金铁霖的教育和培养，是金铁霖能快速进步和成长的关键。高中时期，金铁霖曾主创过一部作品《筑路大合唱》，是为学校宣传队前往当时哈尔滨一个重要市政修路工程做宣传演出而创作的。这个事情就是在老师指导下完成的，演出后引起很大轰动，也得到哈尔滨市有关领导的高度关注。

4. 与国家级专业乐团擦肩而过

在上中央音乐学院前，我曾有两次与国家级专业乐团擦肩而过的经历。一次是长春电影乐团，那时的长春电影乐团在中国的电影界乃至音乐界都是数一数二的，当时的很多流行电影歌曲就出自于长春电影乐团。长影那次是来哈尔滨招生的，招生的老师叫李世荣，他是中国当代著名的男高音歌唱家，演唱过400余首电影歌曲，其中不乏经典之作，像《冰山上的来客》插曲《怀念战友》、电影《五朵金花》插曲《蝴蝶泉边》以及《草原上的人们》插曲《敖包相会》等。考试时，我也去了，主考的李世荣在听完我的演唱后，当时没表态。因为我是抱着试试自己水平的心态去应考的，所以也没有完全将能否考取放在心上。当我已将这件事抛在脑后，李世荣却自己找到了我家。那天下午我不在家，和同学去松花江游泳了，李世荣让我表姐转告我，说我可以进长影乐团，让我去找他办相关手续，还评价我的声音属于戏剧男高音。当时我还不懂什么叫"戏剧男高音"，为此后来我还专门到书店买了本《声乐鉴赏》，方才明白戏剧男高音简单地说就是比较大号的男高音。

后来我也没有去找李世荣，其中具体原因我也记不清了。也许是当时年轻，不知其中关键对人生道路的影响，认为那不过是曾经经历过无数次演唱中的一次。现在想来，如果当时我稍微有些人生经验，我也许真的就进了长春电影乐团，如果我进了长春电影乐团，那肯定就没有我以后考入中央音乐学院以及后来的事了。人生道路充满了变数和选择，每个人生岔口都需我们定下心来好好思量。有时我在想，每个人这辈子多少都有些遗憾，很多人都在假设一个前提，如果当时我是这样选择，我的人生将如何演变呢？可惜，人生是没有假设的。我很幸运，在我人生道口上，几个不经意的"歪打正着"让我得以在

△ 长春电影乐团成立于1947年，是新中国建立最早的国家级交响乐团，培养和
造就了雷振邦、张棣昌、尹升山、李世荣等一大批颇有建树、国内外知名的
高水平艺术家。创作并录制了七百多部电影作品音乐，许多作品脍炙人口，
流传至今。代表作品有：《我的祖国》、《英雄赞歌》、《花儿为什么这样
红》、《怀念战友》、《敖包相会》、《让我们荡起双桨》等

△ 著名男高音歌唱家李世荣，是当时长春电影乐团来哈尔滨招生的教师

今天比较欣慰地说：我的人生几个关键选择总的来说还是对的，我感谢命运对我的眷顾。

这是第二次的"歪打正着"，第一次是考沈阳音乐学院附中。如果我考取了沈阳音乐学院附中或者进了长春电影乐团，我这人生就一定不会是目前的状况了。

再有一次就是我高三时中国人民解放军总政歌舞团学员班来哈尔滨招生这件事。同样抱着试试自己水平的心态，我参加了在哈尔滨艺术学院举行的考试，现场唱了一首《黄河颂》。那天我身体不舒服，重感冒，当我唱到最高潮时，我一下没声了，嗓子哑了。我当时就想这下砸了，应该没戏了，没想到总政歌舞团考官李同生听后，直接就说我可以被录用。当李书年老师知道我被总政歌舞团录取后，就对我说你不能去，你应该去的地方是中央音乐学院。他告诉我专业文艺团体就是用你现在的本领，继续提高的可能性不大，如若能进入中央音乐学院，等于从基础开始学起，基础打牢了，以后发展的空间将是无限的。我本来就对进总政歌舞团没有什么特别的冲动和想法，去考试也只是想看看自己演唱水平能达到什么样的程度，听李书年老师这样一说，我想都没想就接受了他的建议。

我有时在想，对许多人来说，能进入国家级专业音乐团体是个很好的机缘，如我这样随性放弃的还真不多见。也许是少不更事吧，也许冥冥之中真有股力量，要将我推向更大的舞台，要我去完成更重要的人生目标。我听从了我内心深处的声音，我对自己和未来都充满了信心！

至此，我自己总结的，到高中毕业时，我已经历了三次"歪打正着"。

　　要不是对自己能力的信心，金铁霖会屡次放弃在我们今天看来是可遇不可求进入国家级文艺团体的机会吗？当我们向金铁霖提出这个问题时，他不假思索地挥挥手打断了我们，说我们这个假设不成立。

　　"不是什么自信的问题，我就是'歪打正着'。"他呵呵地憨笑，继续说："自信应该说是在那个年龄段年轻人都应具备的特点，很多人都有，我也是有的，但不能说是因为我自信而不屑于进长影乐团和总政歌舞团，这不符合事实。真正的实际情况应该是我那时还没有准备好，不管是人生认知还是社会心理适应等方面。至于能力，要知道我那时还是个学生，有多强实力？所以我说我的人生有几次'歪打正着'就是这样来的。"听着老人这朴实的话语，我们被深深地触动了。他的胸襟，他的求真，他的谦逊让我们敬佩。我们也仿佛读懂了金铁霖所一贯秉持并倡导的人生品性：不争、不怨、做好自己！也真正懂得他所讲的"歪打正着"所包含的人生真谛。

◁ 正在演出的中国人民解放军总政治部歌舞团

第四章

【 求学北京 】

1. 考入中央音乐学院

1960年我20岁，高中阶段的学习生活即将结束。那时，同学们都在谈论着毕业后的打算，有的要考大学继续学习深造，有的则是要参加工作，投身于国家建设。受老师们的指点，我确定了目标，那就是报考中国音乐界最高学府——中央音乐学院。

那几年我家的情况发生了一些变化。早在1956年，随着中国社会主义改造运动基本完成，民族私有资本和私营企业被改造成国有或集体企业，我家的"福安医院"也不例外，被合并到哈尔滨水产医院，父母也因此成为了国家的人。过去，家里靠的是医院的经营收入，社会主义改造运动后，家里生活主要是依赖父母的工

◁ 20世纪60年代初期的中央音乐学院

资。虽然父母特别是父亲的工资在当时算是高薪了，但父母多年来一贯行之的豪爽大方的待人作风，使得这已算高薪的工资也不时地捉襟见肘。不过，父母当时就明确地告诉我，我应该去考大学，去接受高等教育。

1960年6月，北京的艺术院校在哈尔滨联合招考，我将目光锁定在中国音乐界的最高学府——中央音乐学院，而且报考的是声乐专业。当时，哈尔滨考区有200多人报考中央音乐学院声歌系，但到了复试阶段，剩下的考生只有我一个了。时至今日我还记得，复试那天有好几个老师考我一个人。我当时共唱了六首歌曲，而且还考了乐理、视唱练耳等等。入学后我曾问过我的同学，他们的入学考试是不是也这样

◁ 就读中央音乐学院期间（1960—1965），与恩师沈湘教授（中者）及同学的合影，左一为金铁霖

考时，他们均表示像我这样考的还真没有。我老师沈湘教授为此还开玩笑地说，也许考你的老师看到只有你一个学生了，他们还没过足考瘾，拿你折磨来着。最终，我被中央音乐学院录取，成为当年黑龙江全省唯一进入中央音乐学院的人。

同年9月，我离开了家乡哈尔滨，只身来到北京，进入中国音乐界的最高学府——中央音乐学院，开始接受系统和专业的音乐教育。

中央音乐学院始建于1950年的天津，她是建国后在当时几所高等音乐学院、系基础上建立的，是迄今为止中国音乐院校中最高和最知名的高等学府。中央音乐学院集中了当时中国最杰出的音乐艺术家和教育家，如赵沨、沈湘、喻宜萱等等。能进入这样的高等学府学习，我感到很自豪。

中央音乐学院1960级声歌系那年全国只招了18个人，其中女同学仅有3名。不像其他同学多是来自于音乐学院附中或专业文艺团体，我是以普通高中毕业生的身份考入中央音乐学院的，那年我刚20周岁，在班里属于年龄偏小的。

▷ 1960年，入读中央音乐学院和任白欧先生（中坐者）合影

在本科阶段，艺术院校与其他高等院校最大的不同点就是一对一的教学模式，即艺术院校学生一进校门就由专门的老师即主课老师带着去学专业课，因此主课老师的选择对一个学艺术的学生来说是至关重要的，甚至在某种意义上来说是决定今后命运的。如果有幸碰到一个好的主课老师，那会对他业务水平及今后发展道路有决定性的促进作用；如果再能遇到大师级人物作为自己的导师，那实属幸上有幸了。

▷ 1963年，学生时代在中央音乐学院礼堂演出

我属于有幸的。入校分配老师时，沈湘先生在听了我的演唱后挑选了我作为他的学生，自此我成为沈湘先生的嫡传弟子。不过，当时我还真的不知道沈湘是谁，连沈湘是男是女都不知道。向高年级师兄打听时，只见师兄竖起大拇指，说了句"太棒了！沈湘是大家，教学非常好，你能被他选上，你真是太幸运了！"就这样，我成了沈湘的弟子，并由此延续了我们长达30多年的师生情谊。

在中央音乐学院求学期间，除了沈湘先生，喻宜萱、蒋英等先生都曾给我授过课，但时间都不是很长。还有其他曾给予我指导的先生，至今我仍记得他们的音容笑貌……对母校中央音乐学院给予我的培养，我是感恩于心、永生难忘的。

作者手记：

金铁霖是个感情很细腻的人。当我们还在那儿感叹他高考的辉煌、是当年黑龙江音乐考生一枝独秀的"状元"时，一声轻叹让我们感觉到老人情绪的变化，我们知道金铁霖又想起他的父亲。

"哥哥开学后不久父亲就去世了，当时就没告诉哥哥。"金铁霖的妹妹金焕英回忆说。

"是陈信昌告诉我的。那时陈信昌来北京进修，忍不住话，就将实情告诉了我，那是父亲去世近两个月后的事了。我听说后就坚决要回哈尔滨，但口袋里又没有多少钱，还是陈信昌帮

了我，借给了我回家的路费。"金铁霖对往事还记忆犹新。

"我整个大学就是靠助学金读完的，是国家培养了我。可以说，没有国家的培养，就没有我金铁霖的今天！"金铁霖一字一句，语重心长。

我们能察觉到金铁霖的那份隐痛，还有那份对父亲未能有机会尽孝的遗憾，特别是在自己刚刚踏入著名学府、前途一片光明之时，父亲突然离去的这份伤痛和遗憾尤为明显。几十年来，金铁霖将他对父亲这份爱深深地埋在了心里，他把能培养更多更好的学生、向国家输送更多优秀人才当作自己对父亲的最好怀念。

"我选学生，考虑的不仅仅是他的专业能力，我还要看他是不是一个孝顺父母的人。如果一个人对父母都不孝顺，那么对朋友、对同志，他还能做到什么？所以我们讲，对党的感情，对祖国的感情，都提到母亲和父亲，用这种感情来形容，这就说明在这个问题上是很重要的。看一个人的本质，能不能懂恩情，能不能记住你教导他的一些东西，这才是重要的。"金铁霖如此告诉我们他的人生观。一如对学生的要求，他对自己的恩师沈湘先生一直执弟子之礼，孝敬有加。

不仅"小爱孝父母"，而且"大爱爱社会、爱国家"，金铁霖将报答祖国、回馈社会当做自己的责任。多年来，他一直热心于公益事业，曾获得"中国榜样公益爱心大使"称号。2008年汶川地震，他组织爱心人士过去帮助救援，并关

注特困儿童，助学扶贫等等。"其实这只是我们应该做的，党和国家培养了我们，我就应该尽自己所能去回馈国家和社会，就像孝敬父母一样。"金铁霖以朴实的语言表达自己最真实的想法，而他经常将我们熟知的"百善孝为先"写成"百善孝为天"不也反映出他自己对感恩的定位和理解？

中共中央党校出版社《慈善中国》丛书编委会在给金铁霖所撰写的推荐词中这样写道：

有一个名字，在中国民族声乐界如雷贯耳、声名显赫。放眼中国歌坛：彭丽媛、李谷一、宋祖英、阎维文、张也、刘斌、戴玉强、李丹阳、祖海……这些红透半边天的名人都师出同一门下，他们的恩师，就是"金式唱法"的推出人、"造星"大师——金铁霖。

金铁霖教授始终以高度的时代责任感引领着中国民族声乐的发展，燃烧着自己，用光和能量托起一个又一个巨星在天空翱翔。以昂扬的时代激情抒发着赤子情怀，在日新月异的中国民族乐坛上，挥洒着一个又一个的华彩乐章，他被公认为我国当代民族声乐教育领域的一面旗帜！

2. 恩师沈湘

沈湘（1921—1993），中国男高音歌唱家，著名的声乐教育家，

中央音乐学院教授。曾就读于燕京大学英国语言文学专业和上海国立音乐学院，1945年毕业于圣约翰大学。师从过著名俄籍声乐教授苏石林、德籍犹太女中音拉普教授及意大利音乐家帕器。新中国成立前多次在平（北京）、津（天津）两地举行个人独唱音乐会，被誉为"中国的卡鲁索"。1947年开始从事音乐教育工作，先后在北平师范大学音乐系、北平艺专音乐系和燕京大学音乐系任教。解放后任教于中央音乐学院，任职过声乐歌剧系主任。曾任全国政协委员、中国音乐家协会常务理事。

沈湘教授才华横溢，一生成就非凡。他不仅掌握纯正的美声唱法，演唱声音圆润丰满、音色宽厚，富有穿透力，且通晓英、意、法、俄、德多种语言，并以深厚的声乐理论功底形成自己独特的声乐

△ 著名声乐教育家沈湘（1921—1993）

△ 金铁霖（右四）与沈湘先生（中）在北京恭王府小礼堂和学生合影

教学模式，培养了一大批优秀声乐人才，像迪里拜尔、梁宁、刘跃、范意马、程志、殷秀梅、关牧村、李晋玮、郭淑珍、孟贵彬、杨彼德等。他的学生多人多次在国际声乐比赛中获奖，同一位声乐教师的男女高低5个声部的学生在国际声乐比赛上获大奖，这在国际声乐界也是罕见的（梁宁，女中音，1984年芬兰米丽亚姆·海林国际声乐比赛女声组第一名；迪里拜尔，花腔女高音，1984年芬兰米丽亚姆·海林国际声乐比赛女声

组第二名；刘跃，男低音，荷兰国际声乐比赛第一名；范意马，男高音，美国露莎庞塞莱国际声乐比赛第二名；程志，男中音，德国国际声乐比赛第二名；黑海涛，男高音，意大利马里奥·莫纳柯国际声乐比赛第一名）。"沈湘现象"在国际声乐界被公认为是世界音乐界的奇迹。意大利著名男高音歌唱家帕瓦罗蒂称誉沈湘为"伟大的人"，英国和芬兰国家电视台拍摄了介绍沈湘的专题片《中国的歌声》，芬兰萨翁林纳歌剧节和芬兰国家歌剧院从1987年开始连续6年每年在芬兰开设"沈湘大师班"。他还多次应邀任英、法、意等国际声乐大赛评委，西方主流媒体赞誉他是"世界一流的声乐教授"，是"在中国声乐史上将中国声乐教学推出国门的第一人"。

作为沈湘先生弟子，我还记得第一次上课时的情景，那是在入校不久的1960年的9月初的一天。9月的北京，秋高气爽，令人觉得舒坦和愉悦，仍处在入校兴奋期和新鲜感的我在教室里期盼着作为大学生的第一节课的开始。上课铃声响了，教室的门被轻轻地推开，只见一位身材高大、体型魁梧的中年汉子走了进来："你是铁霖吧，我是沈湘，咱们认识一下吧。"望着和自己身高差不多、和蔼可亲的老师沈湘，我真有似曾相识的亲近感。但印象最深的还是沈老师的肚子，那时就觉得挺大、挺肥，尤其是在1960年中国"三年自然灾害"那个时期，这种肚子真是不多见。直到今天，我想起沈先生，还是这种初始印象。

我和沈先生是很有缘分的，照沈先生自己的话来说，我和他都是

△ 1988年与沈湘先生在长沙橘子洲头

大一号的男高音，就是戏剧男高音。1962年，沈先生与中央乐团合作在北京音乐厅举办了一场音乐会，这是我第一次听沈先生在舞台上演唱，我被他那风度翩翩的气质和富有感染力的艺术表现震撼了。特别是当他唱完歌剧《图兰朵》中插曲《今夜无人入睡》和《卡门》中的《花之歌》时，全场观众起立欢呼，音乐厅里掌声雷动，经久不息，沈先生多次谢幕都下不了台。事后我和沈先生探讨这场音乐会时，我由衷地赞叹说先生你唱得太完美了，可他却告诉我他还有几个细节没有完全处理

好，下次再唱也许会处理得更好些。沈先生就是这样，永远都是那样严谨、那样精益求精。

不久，沈先生就让我去他家上课，听唱片。在当时国内声乐界，沈先生的唱片资料可以说是最齐全的，可他家住得离学校很远，我每一次去都得转两次公交车，花上近2个小时的时间。在沈先生那里，我第一次听到当时世界十大男高音的唱片，觉得真是太美了。当我听完十大男高音唱片后，沈先生让我谈谈对每个歌唱家的看法并问我最喜欢哪位歌唱家。我谈了自己的看法，并说出自己喜欢的歌唱家排名。沈先生也不多说什么，只点了点头，让我再多听听。后来我才知道他更喜欢的是我排第六位的比约林，并渐渐悟到先生为什么最喜欢比约林了。沈先生就是如此，他从不将自己的观点和方法强加在我们这些学生头上，而且他还善于运用启发和引导方式，让我们学生自己去悟、去体会他的教学内容和观点。同时，他从不直接反对学生的看法和观点，一贯鼓励学生独立思考、自我领悟。他特别注重让学生先识别音乐表象的东西，然后再加以引导和启发，从而认识音乐本质和规律性的东西。记得我大二时，有一天，系里有位钢琴伴奏老师在给我伴奏时突然对我说："你唱得太好了！你的声音、状态与沈先生像极了。"我听了很高兴，并很得意地告诉了沈先生。让我没想到的是，沈先生表现得很诧异，对我说你不应该像我啊，并说我们每个人的发声器官、音质条件不同，加上素养和对歌曲理解不同，怎么能说唱出

△ 20世纪80年代末，与沈湘先生在一起

歌像谁呢？如果说像谁，那只是模仿。模仿只是一种能力，如果只停留在模仿阶段，那这个歌者也只能停留在学唱阶段、邯郸学步的层次。每个歌唱者特别是优秀的歌唱者应该追求唱出自己的风格和特质来，而这靠模仿是做不到的。有人说你唱得像我，我不喜欢，这本质上就是违反了生理发声器官的正常状态，去发出不是自己的声音。此后，沈先生上课就很少给我做示范了，更多的只是提示感觉，让我自己去感悟和练习。

正是靠这种科学的教学，在沈先生的教导下，我逐渐摆脱

了单纯模仿式学习，并辅助于科学方法论的指导，很快在学习上有了突破。一是表现在大一时我只能唱到G、高半音就不对，到了大二，运用沈先生教给的方法，我c^3都能唱上去了；二是对声音的感觉和辨别达到了相当高的水平；三是逐渐掌握了符合本身自然规律的科学发声方法。沈先生给我的教育，我一直认为是他的教学思想和方法以及声乐学习理念，这是让我受益终生的东西。

1965年，我以全科都是5分、全系第一名的成绩毕业，分配进入了中央乐团工作，沈先生很是为我高兴。1967年以后，我开始对中国民族声乐教学进行了探索和研究，沈先生知道后很支持。他把自己对京剧研究的心得，包括对唱法、唱腔以及各流派风格的了解和分析一一地与我进行了讨论，提出了"只有不科学的人，没有不科学的剧种"观点。他很形象地将中国发声称之为唢呐，西洋发声为管号，这给我很大的启发。在以后的中国民族声乐教学中，我特别注重对发声方法的研究，并逐渐研究了一套符合中国人生理特征的科学发声法。中国民族声乐自李谷一后，特别是到了彭丽媛时期，我的学生的声音基本全都被打开了，他们唱出来的声音再也不是沈先生耳中的"唢呐"了。

除了对我研究和发展民族声乐教学给予了充分的信任、欣赏、重视和帮助外，沈先生还积极地参与我的教学工作。李谷一、彭丽媛、张也、王世魁等我早期的学生都曾得到过他的具体指导。虽然他对民族声乐教学研究不多，但他不保守，不设框框，只要符合科学规律和

艺术美原则的，他就支持我大胆去探索和实践。20世纪90年代初，随着彭丽媛这位中国第一个民族声乐硕士的毕业，中国民族声乐教学体系已基本成型。看到这一成绩，沈湘先生很是欣慰，他对我说，你要继续努力，要借鉴包括国外、传统和民间的一切声乐艺术精华，为我所用，要善于总结、广泛实践，真正形成中国自己的科学声乐教学体系，使中国的声乐艺术真正走向世界。

可以告慰先生的是，今天他的这个嘱托正在部分或者接近全部成为了现实。中国声乐已开始走向世界，并已为世界乐坛主流所认同，中国声乐学派事实上已经被越来越多的人认同。

1993年10月初，我去香港参加"中国声乐艺术发展方向"研讨会时，得知先生病危，便急忙返京，谁知在返途中的10月4日得到了先生逝世的消息。虽然沈先生心脏病很严重，病史也很长，对他的去世我早有思想准备，但真正接到他逝世的消息，我还是难忍自己的悲痛！先生走后的那几个月，我一直都恍恍惚惚的，有时候情不自禁地就拨起了那个自己再也熟悉不过的电话，可当拨通后，我才猛然醒悟到先生再也无法接听我的电话了，此时眼泪就不自觉地在眼眶里打转。我知道我永远失去了自己敬爱的导师，中国音乐界失去了一位大师。沈先生是带着微笑离去的，虽然他并没有留下多少文字著作，但他的博学、他的才华、他天才般的教学思想和教学方法以及他对声乐事业的精益求精、不懈追求、勇于探索的精神，永远激励我为中国声乐艺术事业发展和繁荣而努力工作。

我爱吾师！

提起恩师沈湘，除了崇敬，金铁霖更多表现出来的是那份自豪，那份作为沈先生嫡传的自豪。

"他是真正的一代宗师，非常厉害，声乐知识非常丰富，艺术修养特别高，会七八种外语，人很开明，也非常实事求是。我跟沈先生学到了很多精华，我崇拜沈先生。"金铁霖现在年逾七旬回忆恩师，语气里眼神里依然充满爱戴、敬仰和怀念。

其实，金铁霖和沈湘先生在很多方面都很相似：两人的身高都在一米八以上，都曾有过辉煌的演出生涯，都曾放弃了自己的演唱事业，后都将主要精力投入到声乐教学当中，最终两人都分别成了我国著名的声乐教育家，分别被誉为中国西洋美声唱法和民族唱法的教学泰斗，是中国声乐艺术教育星空中光芒四射的"双子星"。"我现在这一套基础与沈湘老师有重要联系，他对演唱的科学性要求特别严格，并且对声音的选择特别严格，这两点对我影响非常大。""沈教授不仅把我领进了声乐艺术的大门，他正直的品质和坦荡的胸襟更对我艺术观和世界观的形成有着深刻的影响。"金铁霖反复强调这一点。

"那您个人对沈先生有怎样的评价？"我们不禁又一次问道。"高山仰止！沈先生永远是我的老师。"金铁霖缓缓地、一字字说道，此刻他将目光停留在墙上挂着的那张他和沈先生的合影上，照片中沈先生的笑容是那样的灿烂、惬意……

3. 第一个学生也是师弟

　　也许我是从兴趣中发掘了学习乐趣，因此从很早就乐于自学也养成了爱琢磨的习惯。进了中央音乐学院学习后，在学好自己本身课程同时，我就特别喜欢分析别人的唱法，经常喜欢在那儿琢磨他是怎么唱的以及是如何做到这样唱的。如果觉得有问题和不足，我还总喜欢告诉他，并建议该如何唱。沈湘先生当时看在眼里，也不说什么。在我大学三年级那年（1963年）的一天，他突然对我说，有两个中学生要考音乐学院，让我替他给这两个学生上上课。

　　我一听想都没想就说好。但至于如何去教？是否能教好？我当时就没去多想，觉得既然是老师让去的，就去呗。现在看来，是自己那时就有着教学的冲动了。

▷ 金铁霖早期讲学

我很快地就投入到当老师的角色中去。那两个中学生，一男一女，其中女孩子没坚持多久就没来了，也许是她认为我太年轻了没敢让我教她。但那个叫张琦的男孩却对我很信任，一直跟我学了近一年，而我也根据他的情况，倾我所学，并有针对性地教他。他进步得很快，沈先生过了很久再来听他演唱时也这样表扬了他，但他能在第二年考入中央音乐学院并成为我的师弟，这是我自己都万万没有想到的。这件事给了我很大的自信，也让我第一次尝试到了教学的成就感和满足感。沈湘知道我教的张琦考取中央音乐学院，他也很高兴。

　　就这样，我在跟沈湘先生学习的同时，也常遵照沈先生的意思去帮他辅导其他同学。现在看来，当时的我俨然充当着助教的部分角色。特别到了大四，沈先生

◁ 读中央音乐学院期间，学习间隙与学友合作演练

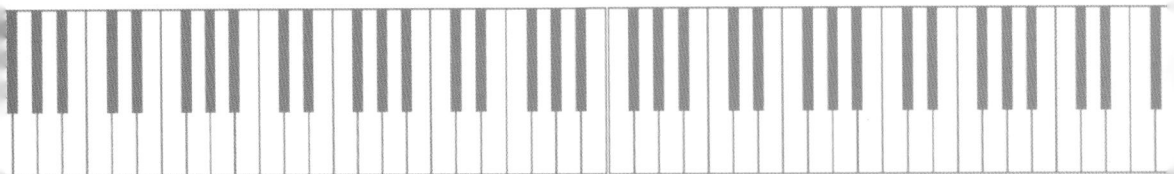

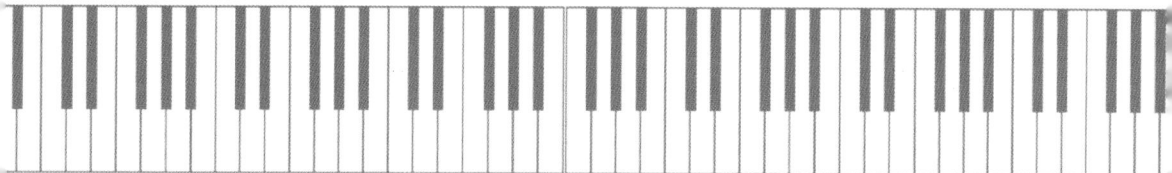

就不断地给我"教学"机会，让我去辅导其他同学，甚至是校外的专业合唱团演员。记得当时我们班有个女中音叫常明芝，沈先生就让我给她做课外辅导，而且一直叫我带她。我的教学工作由此发端，时至今日我都将我的教学年龄从1963年开始算起的。

还有一个旧事，那就是李双江后来找到唱高音的方法还和我有点关系。那是在中央音乐学院我们做学生的时期。进入中央音乐学院后，在大学二年级我已能唱到c^3了，但李双江那时还没唱上去。他很苦恼，也很着急，来找我，我们就一起研究、分析他的发声，不久他突破了c^3，掌握了唱高音的方法。

1965年7月，经过5年专业而系统的学习，在恩师沈湘的培养下，我以全班第一的成绩从中央音乐学院毕业，从而完成向专业歌唱演员的嬗变。

◁　70年代中期，成为专业歌唱演员的金铁霖正在演唱《六盘山》，著名指挥家严良堃担任指挥

　　在中央音乐学院学习期间，除了沈先生，金铁霖还提起蒋英也曾给他上过课，不过时间不长，也就那么几个星期。这个蒋英教授，就是中国当代著名科学家、"两弹元勋"钱学森的夫人。金铁霖评价蒋英老师课讲得非常细，一口流利的英文，对艺术歌曲颇有研究。

　　大学期间，有两件事对金铁霖一生影响颇深。一件事是在刚入学不久，金铁霖发觉自己音域不够，唱到高音就吃力，那时他只能练习音调不高、难度不大的作品，为此，他心里非常苦闷。沈湘先生从科学发声方法入手，很快帮助他解决了高音唱法问题。这件事给金铁霖以很大启发，他从此知道声乐艺术也要讲科学的，也要科学方法指导。第二件事也跟沈湘先生有关。沈湘先生意外地发现了金铁霖的另一项天赋——声乐教学，并有意识地给金铁霖教学生的机会。没有让沈先生失望的是，一个年龄跟金铁霖差不多大的男中音，在跟金铁霖学习了一年多之后，竟然考上了中央音乐学

院，成了金铁霖的学弟，这个学弟就是张琦，那年金铁霖年仅23岁。

当我们开玩笑地问当年教张琦有没有收人家学费时，金铁霖乐呵呵地笑："那个时候，自己还是个大学生，想都没有想过要收人家学费，再说别人也是个高中生，所以我还经常请他出去撮一顿。"金铁霖还跟我们透露，由于那年张琦考得实在太好，他报考的几所学校，像中央戏曲学院、北京师范大学和中央音乐学院都录取了他。为此，中央音乐学院的系主任还专门找到金铁霖，让金铁霖给张琦做工作，让张琦选择中央音乐学院。张琦果然听了金铁霖的话，选择了中央音乐学院，从而成就了他们之间亦师生亦师兄弟的佳话。

张琦的成功，不仅使金铁霖对教学的兴趣更加浓厚，而且给了他自己所具备的教学才华能力的自信和展现，从此，金铁霖教学之路一发不可收，一代声乐教育大师由此出发。

第五章

【在中央乐团的日子】

1. 分错了单位

1965年7月，在完成中央音乐学院5年学业后，我被分配到中央乐团工作，成为了当年中央音乐学院声歌系唯一分配进入中央乐团工作的人。

其实，原本我是要去中央歌剧院工作的，而我自己也很愿意进中央歌剧院。这其中有两个原因：一是我自己的原因，我属于戏剧男高音，去歌剧院从专业角度来看是最佳选择，再说，歌剧院更有机会演"大戏"，更能体现专业水平，所学更能得到发挥，这对我来说有

△ 在中央乐团的日子

着更大吸引力；二是在我毕业那年，中央歌剧院有几位同志（其中一位还是领导）在中央音乐学院我们系进修，他们了解我的情况，觉得像我这样的人应该进歌剧院，于是早早地就向单位推荐，还做我的工作，说我的戏剧男高音只有在中央歌剧院才能得到用武之地。那时，我自己都认为进中央歌剧院已是铁板钉钉的事了。果然，学校分配方案下来，我和另外一个同学留在了北京。可当我兴高采烈地前去文化部报到时（当时的中央乐团和中央歌剧院都隶属于文化部，人事权也归文化部管辖，因此我们这些大学生分配都要先到文化部报到，再由文化部分配到下属单位），却被告知被分配到中央乐团工作。我当时就有点奇怪，但出于对组织的信任和当时普遍存在的一切服从组织的工作原则，我虽有些失落，但也没有去探究什么。当天，我就去了中央乐团报到，可去了两次主办人员才给我办手续，后来才知道当时中央乐团负责人事工作的同志觉得文化部可能将人弄错了。

不久果然验证了那位做人事工作同志的疑虑，文化部确实将我和一个来自上海的同学的分配单位搞错了，将我和他要去的单位来了个颠倒。我原本要去中央歌剧院的却被填错在中央乐团一栏下，而中央乐团要的那位来自上海的男高音同学却被放在了中央歌剧院。知道情况后，

我想了几天，觉得自己还是应该去歌剧院，于是找到当时任职中央歌剧院的李德伦，李德伦一听就说，我们本来要的就是你啊，换过来吧。

那位被错分到歌剧院的上海同学也想回到中央乐团，我们两人一合计，找到领导说明情况，决定对调一下，调整过来。当我们几乎将所有对调手续办妥之际，时间到了1965年年底，中国的政治和社会气候悄然发生了变化，一场大的政治和社会风暴已显出端倪。当我去中央乐团人事部门去盖最后一个调动章时，领导却要求我先去参加"四清"运动，运动结束回来后再办调动。可待我完成"四清"工作回来后才发现，随着文化大革命的爆发，中央歌剧院已被撤销了，我去歌剧院之事也就这样不了了之。

后来我在想，如果我当时直接就分配去了中央歌剧院，或者发现搞错了被及时调换回中央歌剧院，那么我就一定不会有以后在中央乐团那些经历了。没有那些经历，我会不会对民族声乐有如此痴迷和深入研究？我还会不会走入中国民族声乐教学领域？人生没有假设，但我却再一次经历了"歪打正着"，命运的诡异魅力正在于此。

作者手记：

单就中央音乐学院1960级声歌系毕业情况来看，那年金铁霖他们班毕业淘汰率还是很高的。入学时声歌系那一级招收了18个同学，但最后毕业的只有12个人。金铁霖学习成绩很突出，从一年级到五年级，他的成绩直线上升，一直相当

好，到毕业时，他已是他们班最优秀的学生了。

那时的毕业生，国家是统一安排工作的，不过，分配到什么地区，分配到什么单位，那时起关键作用的还是主要看个人表现和学习成绩的，金铁霖那一届也不例外。

如同今天北京高校毕业生多数都想留在北京一样，那时金铁霖班上同学有许多都想留京，但真正能留京的名额也只有一两个。自然，留京的同学一定要各方面表现都很优秀，尤其是学习成绩。金铁霖告诉我们，他当时对自己能留在北京还是充满信心的，主要还是在于他自己的学习成绩，几乎全部是A。分配结果下来的那一天，金铁霖班上毕业的12个同学被分到了9个地方不同的单位，系里的书记当时还给金铁霖卖了一个关子，没有说他是否能留在北京，只告诉金铁霖分配单位不太远。金铁霖当时还以为是天津、保定等地了，直到第二天宣布金铁霖分到文化部报到时，金铁霖悬着的一颗心才放下。

那一届金铁霖的同学中，有一位被分配到广西后又调入四川的同学，后来成了廖昌永的启蒙老师。直到今天，廖昌永见到金铁霖就叫金大爷，以示辈分和尊重。

虽然分错了单位，金铁霖一度还想去"纠正"错误，但能留在北京，金铁霖感到还是很幸运和知足的。而且命运的又一次"歪打正着"，对金铁霖后来的事业都有着至关重要的意义。

2."样板团"经历，重新认识了民族音乐

　　我是中央音乐学院学西洋音乐的，照现在时髦话来说就是科班出身。不管承认不承认，那时我们这些所谓科班出身学西洋音乐的或多或少对以民歌为主的民族音乐都有些"轻视"，认为它还是流于自然阶段，唱法无科学性而言，还属于小调，不能登大雅之堂。而我对民

▽"四清"后回到中央乐团，摄于北京天安门前

族音乐的真正认识始于两件事，一是在"四清"运动时被下放到陕西省蓝田县华胥公社苏坪大队的经历，二是在中央乐团时期"样板团"的经历。

"四清"运动时的1966年年初，当时整个中国政治社会有股"山雨欲来风满楼"之势，我就在那时被突然下放到陕西省蓝田县华胥公社苏坪大队。苏坪大队地处黄土高原，交通十分不便，生活也很艰苦，我在那个地方呆了半年多时间，与当地农民同吃、同住、同劳动。第一次如此近距离接触中国社会最基层，如此亲身感受中国最底层农民生活之艰辛，这对从小到大身居大城市、搞音乐艺术的我来说，震撼很大。农民兄弟的质朴、善良，特别是他们的乐观精神深深地感动着我。而尤为让我触动的是，面对如此恶劣的自然环境和生存环境，当地农民对民歌和小调的喜爱出乎了我的想象，而他们的歌声所散发出的质朴和原生态的美又是那么令人难忘。我开始隐隐约约地思索这样一个问题：既然西方音乐有规范性的唱法，那么如此优美的民歌是否能有共性的东西代表中国音乐为世人所接受和喜爱？

1966年5月，随着中央"五一六"通知的下发，文化大革命全面开始。8月，我接到单位通知，结束在陕西苏坪大队的"四清"运动，回北京参加运动。回到北京后，我发现一切都处于混乱状态中，所有的正常秩序和程序都不复存在，我原来还想着的调动事情已毫无头绪。不久，中央歌剧院被撤销，全院人员被下放基层锻炼劳动。直到多年后，他们的人员才陆陆续续回到北京，被整编到其他文艺团体。而中央歌剧院则一直到1976年"四人帮"垮台才得以恢复。

"文革"肇始于文艺界，而冲击最大的也是文艺界。当北京其他中央直属文艺单位要么解散、要么下放到农村劳动，唯独中央乐团应政治之需得以幸免保留了下来。虽然得以幸存，但中央乐团那时则一度以唱革命样板戏为主。作为中央乐团当时最年轻的演员之一，在那个动荡的时期，在身边很多从事文艺工作的人员要不转行要不无工作可做的情况下，我觉得只要有歌唱、有演出的机会，不管这歌是不是我喜欢以及是否和我所学有关系，我都认为自己是最幸运和幸福的了。

　　也许当时自己年轻，乐意去学习新东西，也许是刚从学校分配到乐团，政治上一片空白，总之我被纳入"样板团"，成为唱革命样板戏"样板团"一员。比起那些整天"闹革命"的主，那段时期我觉得自己的生活还是相对充实的。因为我是学西洋音乐的，而样板戏则是

△当年样板戏《红灯记》中的李玉和形象　　△当年样板戏《沙家浜》中的郭建光形象

在中国民族戏曲基础上推陈出新的产物，要唱好样板戏，还得认真地去学，刻苦地练。记得当时团里还特意为我们请了京剧老师教我们吊嗓子，用唱京剧方法练发声。当时我主要是唱黑头（老生），京剧的唱腔和用嗓跟我过去学的都不一样，这对我影响很大。我们当时练得真是认真，基本每天都练。经过一段时间的学习和练习，八大经典样板戏中的三出戏——《沙家浜》中的郭建光、《海港》中的高志扬、《红灯记》中的李玉和这三个主角角色的唱段，我全都把它拿下了，这种情况在当时的中央乐团是很少有的。

学唱革命现代京剧使我真正接触和了解了京剧，从而感受到了中国民族戏曲艺术的精深，也让我这个受西方正统音乐教育的人开始思索中西音乐之间的贯通之处。至少从那时开始，我不再敢"小视"包含戏曲、民歌、小调等一切民间、民族的音乐，并逐渐开始真正从内心深处喜欢民族音乐。那是在灵魂深处对属于我们民族的音乐的认同，我想这也许是我在以后岁月中从事民族声乐教学和研究的思想基础所在。

作者手记：

金铁霖有很多学生原来都是学京剧出身，如他的第一个本科生鞠敬伟、以一首《当兵的人》唱响大江南北的刘斌等，严格地说，他们在拜师金铁霖后才真正走上民族声乐歌唱生涯，其中有一些还成了著名歌唱家。毕竟唱戏曲的和

唱民族声乐的发声方法不同，能顺利将过去业已养成的发声习惯转变过来，没有一些方法和技巧肯定是做不到的，但金铁霖却帮助这些学生做到了。当我们问这是否和他曾经有过那么一段学京戏和唱样板戏经历有关时，金铁霖点点头回答说，那肯定是有关系的，而且有大关系。

著名歌唱家刘斌就是例子。刘斌在向金铁霖学习声乐之前是长春京剧团的武老生演员，曾唱了10年的京剧，在许多出戏中饰演过主角，1984年考入北京军区战友歌舞团后，有那么一年时间"无所事事"，他为此非常苦恼，直到1985年拜师金铁霖。

金铁霖还记得当年刘斌给他唱的第一首歌曲就是京剧选段。虽说从声乐角度来看刘斌当年改唱民族声乐有一定的难度，但金铁霖还是慧眼识才，他认为刘斌音色很好，发展潜力很大，不过他要求刘斌必须从头跟他学起，将基础打牢。

在金铁霖的调教下，刘斌进步神速，仅仅半年后，他就成了战友歌舞团主要独唱演员并在歌坛上迅速走红。如今刘斌已是中国家喻户晓的著名歌唱家了。

3. 我的第一位民族声乐学生

—— 李谷一

我认识李谷一是在1966年年底，是李谷一姐夫柳城介绍认识的。

柳城也是哈尔滨人，在少年时期我们都是哈尔滨群艺馆文艺活动积极分子，那时我就和他相识。柳城后来也考到了北京，读的是北京电影学院，毕业后也分配留在北京。因为是老乡，又是老熟人，年轻时的我们在北京也就常有来往，彼此都互相了解。

柳城做了一辈子电影电视剧工作，任职过国家电影局副局长，中央电视台电影频道艺术总监。他对我们国家电影电视发展贡献良多，享有相当高的声誉。

那时的李谷一还在湖南省花鼓戏剧院工作。作为湖南省花鼓戏剧院主要演员，她因主演《补锅》一剧拍成电影在全国公映而成名，可

▽ 1965年电影《补锅》李谷一（左）剧照

以说，李谷一当时已是有一定名气的人。文化大革命爆发后，李谷一在湖南单位里受到冲击。全国大串联后，她来到了北京，住在姐姐李安娜家。

有一天，柳城带着李谷一来找我，说他的妻妹来北京了，想让我这个音乐学院出来的"正规军"帮她指导指导。

虽然之前看过李谷一主演的《补锅》，但第一次现场亲耳听到李谷一演唱，我还是为她的嗓音所折服。她的声音非常亮丽，非常有天分，但受花鼓戏这个戏种本身发声要求的影响，她那时的声音表现出过细过窄、共鸣很短的特点，这在当时学美声的我看来是很大的不足。好为人师的我马上提出了我的看法，李谷一听了我的分析，也觉得我说的有理，于是便提出了要跟我学习的愿望。

李谷一性格好强，好学、勤奋。据她后来跟我说，在湖南花鼓剧院时，她是起得最早、练功最勤的人。别人只学开门戏，她偏要同时师从四位不同风格的老师，为的是"在大流派之外掌握几个不同风格的小流派"，能有"不同的思路和感觉"。在她跟我学习以后，对如何克服她声音方面的不足以及如何提升她的演唱水平，我可谓是花了相当大的工夫。

为了尽早满足让她调入北京的愿望，同时又不放弃她所热爱的歌唱事业，我建议李谷一必须改学现代声乐。虽然我知道地方戏曲唱

▷ 花鼓戏《补锅》剧照，李谷一饰兰英，钟宜淳饰兰英妈，彭复光饰李小聪

△ 20世纪80年代初，李谷一已红遍大江南北

腔、用嗓和现代声乐发声方法不同，改变唱法也许很困难，但我在中央乐团"样板团"的工作经历，让我还是发现了两者之间存在的共性。我当时就想，既然我这个学美声唱法的能唱京剧，那么作为唱花鼓戏的李谷一也一定能唱好其他唱法的歌曲。于是我就对李谷一说，我来教你，我来帮你解决唱法问题，相信你会凭自己本事调入北京，进中央乐团的。

话虽容易说，但要将想法变成现实，就不是那么简单的事了。花鼓戏作为中国传统地方戏的一种，像其他地方戏一样，地域性和独特性是其特点，但恰恰是这个特点造成了唱地方戏的只能唱地方戏，

即使唱其他歌曲也会带有很强的地方戏特征。李谷一当时就是这种情况，声音又细又窄，共鸣很短，具有很深的花鼓戏特质。这种唱法对花鼓戏来说是标志性的，但唱现代歌曲、唱样板戏肯定就不行了，不是那个味。如果没有一套方法解决李谷一的唱法问题，也就是李谷一如果不能掌握唱花鼓戏时是花鼓戏的味，唱其他歌曲时是其他歌曲标准的味，那么她的唱法问题就不能算解决。

为了能找到这个方法，我看了很多地方戏，也选择了很多来做研究，当然着力最深的还是花鼓戏。湖南花鼓戏唱法里有混合声也就是真假声发声方法，我觉得还是比较科学的。在此基础上，我糅合了中国戏曲（含其他地方戏）、民歌以及西方优秀的唱法因素，结合李谷一自身声音特点，形成了一种新的唱法，也就是后来我们听到的李谷一唱法。这种唱法初步解决了两个问题，一是它是中国人在自己民族音乐基础上发展出来的，是中国人自己的唱法；二是科学性的问题，它有了初步的练歌规范和评判标准。具体到李谷一身上，就是她的嗓子被打开了，音域宽了许多，也能唱花腔了。无论在演唱歌曲范围，歌唱技巧，表达作品的深度、音色等方面，李谷一有了很大的提高。1974年，李谷一终于凭着自己能力考入了中央乐团。

可以说李谷一时期是我致力于民族声乐教学最重要的基础性阶段，她用实践将我对民族声乐的想法体现了出来。

李谷一的成功让我看到了中国老百姓对我们自己的民族声乐的需求和喜爱。李谷一的成功将民族声乐事业推进到一个较高的平台，初步走出一条从表演到演唱的新路子。它对我以后的教学起着重要的影响，促进了我在民族声乐创新和研究上继续努力，不懈探索。1981年，以"弘扬民族音乐，培养民族音乐专门人才"为办学目标，我国唯一一所以中国民族音乐教育和研究为主要特色的中国音乐学院复办重建。受院长李凌所邀，我走下了歌唱舞台，进入了中国音乐学院专业从事民族声乐教学和研究。

作者手记：

对湖南为什么能高产那么多优秀歌唱家（李谷一、宋祖英、张也、雷佳、王丽达、陈笠笠等）这个问题，金铁霖半开玩笑地说，这和李谷一有一定的关系，她带了个好

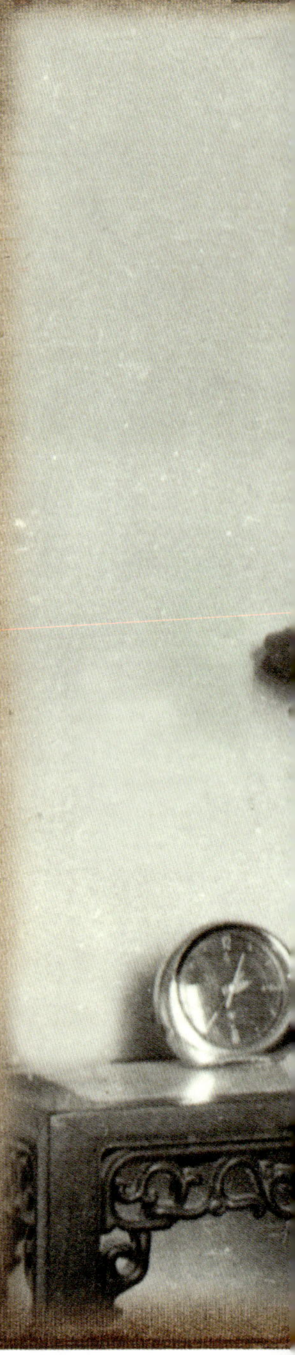

▷ 在中央乐团的日子，金铁霖开始对民族声乐创新和研究

头。

金铁霖认为，他将民族声乐与民族戏曲的唱法结合起来，解决科学性的问题，这还是从李谷一开始的。金铁霖在研究中发现，湖南花鼓戏与民族声乐唱法、表演特别接近，湖南出歌手与这个有关；张也、王丽达也都是从唱花鼓戏转变过来的，这些学生的出现对中国民族声乐的发展有关键性的作用。

如今，民族声乐已不是早期的民族声乐了，它带有科学性，吸取了传统的和外国好的质素，为我所用，并创造了一种新的科学方法，演唱的风格也越来越多了。比如宋祖英去国外演出，乐团伴奏，大家都按这个路子走。金铁霖解决了民族声乐科学性的问题，民族声乐从此便更上一层楼。

李谷一的成功将金铁霖当时很多没定型的想法实践了出来，无形中奠定了民族声乐的理论基础。看到李谷一在全国受欢迎的程度，金铁霖意识到老百姓很需要民族声乐，很喜欢李谷一式的唱法，从此便更加坚定了对民族声乐的创新和研究。《南海长城》、《边疆的泉水清又清》和电影《小花》插曲，这些李谷一成名和代表作歌曲的录制金铁霖都去了录音棚，他亲手铸就并见证了中国歌坛"李谷一时代"的到来！

4. 我的歌唱演员生涯

我1965年进入中央乐团后，除了前几年的"四清"运动和"样板团"工作经历，后来就一直做歌唱演员，先后担任过男高音独唱演员、四重唱演员、乐团合唱团男高音部部长。在我近17年的中央乐团工作经历中，我参与的正式演出有近千场。而在我所演唱的歌曲中，除了经典老歌，我还唱了一些为当时老百姓耳熟能详的新创作歌曲，如由我担任领唱的合唱歌曲《六盘山》、独唱歌曲《毛主席走遍祖国大地》等等。我也曾为多部电影和电视剧歌曲录音，如为电影《黄河少年》所配的歌曲《黄河儿女心向党》就是我的原唱。"四人帮"被粉碎后，文艺界迎来了复兴的春天，中央乐团各类型音乐会也渐渐多了起来，歌唱曲目也从过去单一的革命歌曲向多类型、名歌名曲转变。记得在1979年一次演唱会上，我一个人一场音乐会上就唱了中外

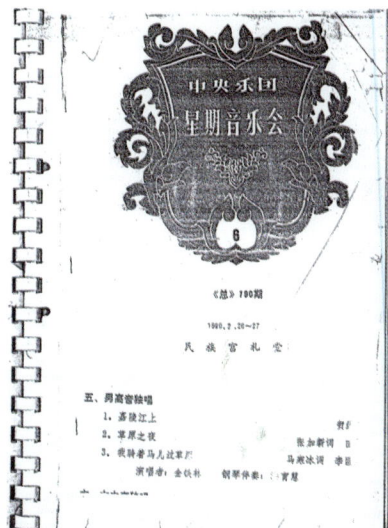

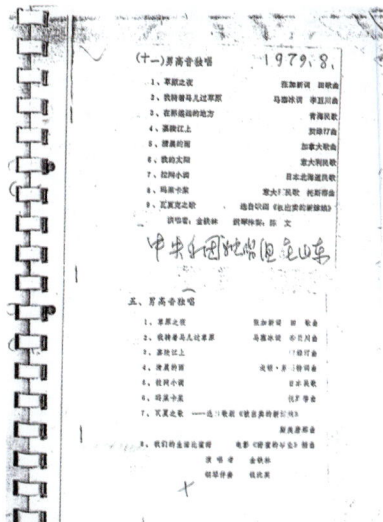

中央乐团80年代演出单

歌曲9首，其中既有观众熟悉的《我骑着马儿过草原》、《嘉陵江上》等歌曲，又有当时解禁不久的像《草原之夜》、《在那遥远的地方》等这些经典老歌，更有那时大多数观众都不熟悉的外国名歌，如《我的太阳》、《清晨的雨》，甚至还会唱些经典歌剧的选段，我那时唱得最多的就是选自歌剧《被出卖的新嫁娘》中的《瓦夏克之歌》，那时的我已是中央乐团男高音独唱演员之主力了。从1965年进入中央乐团到1981年我离开舞台第一线、进入教学岗位，我差不多已在舞台上演唱了近17年。

在中央乐团十多年的舞台经验使我受益匪浅，它对我后来从事教学工作有相当大的帮助，特别是在如何更好地将理论和实践结合等方面，丰富的舞台经验让我可以用学生最能理解的方式将理论和方法说得更清楚，当然在教学中做示范也是游刃有余的。

◁ 1967年，随中央乐团外出演出，途中演唱现代京剧《沙家浜》片段

事实上，虽然1981年我离开舞台一线，专职于声乐教学工作，但在八九十年代，我还是一有机会就登台演出的。1993年教师节，我在北京市庆祝教师节晚会上演唱了一首自己作词、作曲的歌曲《中年》。这个节目在中央电视台播出时被沈湘教授看到了，沈先生还为此特意打电话给我，告诉我还是应当多在舞台上唱唱。只不过随着教学工作的日益增多，所教的学生人数的增加，这种登台的机会越来越少。这不能不说是个遗憾，但为了中国民族声乐的发展，为了我那些学生们，我觉得这种牺牲是值得的。

作者手记：

　　金铁霖刚到中央乐团的时候25岁，在那时的中央乐团演员中可以说是很年轻的，不过他还是一进中央乐团就挑起了独唱演员重任，其演艺实力由此可见一斑。"文革"爆发后的两年间，金铁霖虽以唱现代京剧为主，隔了很长一段时间后才唱歌，但1968年左右《战地新歌》五集就出来了。

　　中央乐团老同志特别多，金铁霖曾参加过一个四重唱组，除了他这样一个年轻人，其他成员都比他大20多岁。1968年，金铁霖当上了中央乐团男高音声部部长，最多时候高音声部有30多人，这期间他对合唱有了更深的了解和研究。

▷ 80年代初，为哈尔滨电视台录制节目现场

这里有一段轶事。1968年，中央乐团来到了金铁霖家乡哈尔滨演出，当报幕员报《毛主席走遍祖国大地》领唱是金铁霖时，家乡的观众报以了雷鸣般的掌声。金铁霖那响亮的歌喉，极具穿透力的高音打动着观众，观众的掌声长达一分钟。著名指挥家李广云激动地说，金铁霖唱得太好了，这是中国的骄傲，也是金铁霖的骄傲，更是哈尔滨的骄傲。

第六章

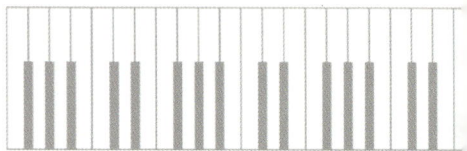

1. 以歌言志的《中年》歌曲创作

1976年10月，"四人帮"倒台，历时10年的文化大革命结束，中国社会进入了一个新的发展时期。

1978年的中国共产党十一届三中全会的召开，使中国社会全面走向正轨。改革和开放成为了全中国人民的共识，中国由此迎来了她的伟大复兴时代！

当时的中国，可谓百废待兴。蹉跎了10年之后，每一个中国人都将浑身的劲憋得足足的，有股要大干一场的冲劲，我也如同当时许多知识分子一样，欣喜于时代的变化，满怀激情地去投身于这一伟大的变革之中。

1980年5月，国家文化部报经国务院批准，恢复了在"文革"中遭受撤并的中国音乐学院建制。1981年，一个重大人生抉择摆在了我的面前。

△ 金铁霖在20世纪80年代的演出照

△ 李凌，1938年入延安鲁迅艺术学院音乐系学习，毕业后留校当研究员。1940年任《新音乐月刊》主编。1941年加入中国共产党。1946年创办上海星期音乐学校和香港中华音乐学院，任校长及副院长。解放后历任中国音乐学院副教务主任、院长、中央乐团团长、中国音协副主席等职，是我国音乐界颇有影响的评论家和理论家，发表评论文章近百篇、著作十四部

早在1980年底，时任中国音乐学院院长的李凌突然来找我，说有意调我入中国音乐学院任教，并征求我的意见。当时的中国音乐学院刚刚复校不久，百废待兴，李凌院长也是刚刚上任。因为是我的老上级，是中央乐团的老领导，李凌院长比较了解我，知道我很喜欢教学，也看到我在中央乐团工作期间一直都在利用业余时间从事教学，更主要的是，他看到我教出了李谷一，并且李谷一的唱法在当时是一种全新的唱法，而李谷一也因此成了刚进入改革时期中国最受老百姓喜爱、最风靡歌坛的明星。此外，教出了李谷一后，许多人都慕名前来拜我为师，很多单位和地方也纷纷邀请我去讲学。作为中国音乐界老行尊，李凌院长看到了我的教学潜质，他劝我不如专心做教学和研究工作，为中国民族声乐事业发挥自己的才能。今天看来，李凌院长是睿智和富有远见的，他对我的知遇之恩我将永存心中！

　　当时正值改革开放不久，中国刚向世界打开大门。在海外歌坛享有盛誉的邓丽君的歌不再被当做"靡靡之音"而禁止，相反一夜之间

中国大陆的大街小巷都传唱着邓丽君的歌。在当时的中国歌坛上，唯一可以和邓丽君媲美的大陆歌手只有李谷一。当时社会流传着这样一句话："大陆听李谷一，海外唱邓丽君。"

我当时很矛盾，虽然也热衷于教学，但这毕竟不是我的专业或职业，唱歌才是我人生舞台的中心。何况80年代初，经过"文革"思想和文化禁锢的中国人，迎来了前所未有的改革开放，科学和文化的春天沐浴着每一个中国人，人们渴望知识，渴望文化，渴望艺术。自然地，作为从事艺术的人成了新时代社会的明星和宠儿，他们经常受邀去各地演出，成了人们特别是青年人心目中的偶像。作为在全国已有知名度的中央乐团男高音歌唱演员的我，选择这个时候离开万众瞩目的璀璨舞台，放弃已有成就的歌唱事业，而转型于甘当人梯、"点燃自己照亮别人"的教育工作，其矛盾心理是可想而知的。经过认真思考，在征得恩师沈湘教授的建议后，我很快作出了我的选择，那就是

◁ 80年代初，在中央电视台外国歌曲演唱会上演唱苏联名曲《灯光》

去中国音乐学院专职于教学工作。多年后在回顾这一选择时，我这样评述道："首先，我是从心里喜欢做育人、培养人的事，我最大的兴趣是在教学，而学校是最好的舞台；其次，1980年我刚好满40周岁，我在舞台上已演唱到国家最高水平了，有没有更有意义的工作和事业去做呢？有没有更高的人生目标去追求呢？再次我的个性和我的成长经历以及我爱琢磨、爱研究的性格让我对自己事业的重新选择和定位充满信心，我觉得我能在这方面对社会和人民有所贡献。"

1987年，由我作词并谱曲的歌曲《中年》在《北京晚报》上发表。事实上，这首歌是我在1982年刚调入中国音乐学院时就完成了，但一直拖到5年后才拿出来发表。我很满意和喜欢这首由我自己创作的歌曲。我之所以如此看重这部作品，与其说是这部作品词曲我还相对满意，不如说它是真正地反映了我当时的心态，反映出了我在这一人生重大选择阶段对新的生活和工作的追求和信心。

1981年9月，我即被借调进入中国音乐学院执教，成为中国音乐学院首批到岗人员。1982年2月，我离开了工作近17年的中央乐团，正式调入中国音乐学院声乐系任教，完成了从一名歌唱演员到专业教师的转变。

△ 1987年5月，金铁霖作词、作曲的《中年》发表。这首"献给与我同代的中年人"的歌，一经发表，得到了许多中年朋友特别是中年知识分子的共鸣和喜爱，流唱至今，成为了金铁霖重要的经典作品。《北京晚报》曾在1987年5月3日刊发了这首歌

　　金铁霖告诉我们，对由专业演员转变为专业教师、由幕前转变为幕后，对这个重大的人生选择，他当时是经过了很慎重的考虑的。他说，1981年他已经跨过了四十周岁，已到了孔夫子所讲的"不惑之年"。作为一名演员，自己演唱生涯不会再有什么优势了，而教唱歌，最早自己是兴趣，但到现在（20世纪80年代初），兴趣不但没减，反而越来越大。他从没有把教学生当成工作，他认为这是他生活的一个部分，不能缺的部分，教学生唱歌给他带来愉快和乐趣，有时甚至超过了自己去演唱。有时候学生做到了一小点进步，可能别人还没怎么觉得，他都会有很大的体会、收获，很有成就感。所以，他还是认为应

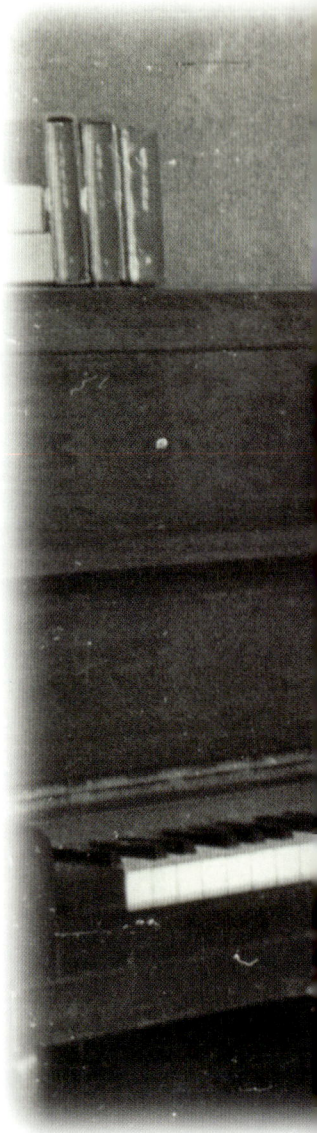

△ 20世纪80年代时的讲学照

该发挥自己的优势，教授民族声乐，何况20世纪80年代初中国民族声乐走向繁荣的土壤已经形成，自己的理想和想法可以去实践、去实现了。

《中年》这首歌曲，金铁霖非常喜欢，以至于以展示他和马秋华教授教学成果为主、以弘扬和发展民族文化为宗旨的"民族魂——金铁霖、马秋华学生音乐会"几乎每场都要演唱这首歌曲，而且多是由马秋华教授亲自演绎。究其原因，这并不仅仅是因为这首歌是他自己作词作曲的原创，更重要的是这首歌写出了他在人生转型时期的心理写照，而最最重要的是，经过三十多年的岁月奋斗，金铁霖以自己的高尚品格和无可争辩的非凡成就兑现了自己在《中年》所写下的承诺：**点燃自己，照亮别人，我们的信念就是奉献**！

2. 全国讲学，教学实践中理论体系基本形成

△ 80年代，金铁霖给学生上课

我很快地就进入了角色，投身到中国音乐学院教学工作中。

　　1981年7月，我随中国音乐学院招生组回到家乡哈尔滨，第一次以高等院校老师的身份出现在家乡人民面前。在这次回乡期间，受黑龙江省音协和哈尔滨市群众艺术馆之邀，我给哈尔滨市声乐爱好者举办了一场讲座。在这次讲座上，我提出了民族声乐训练的科学性和系统性问题，希望教师和学生都不要忽视声乐艺术所具有的科学规律。

　　我是有感而发的。新中国成立以来，虽然党和政府对民族声乐给予极大的重视和支持，创建了以"弘扬民族音乐，培养民族音乐专门人才"为办学目标的高等学府——中国音乐学院，但民族声乐的教学和人才培养还没有形成一套行之有效的科学方法和规范，还沿袭着用

全国性汇演去选拔人才这一粗放式的方法。虽然每次汇演都会涌现出一些优秀的青年人才，但许多好苗子在舞台上都是"昙花一现"，很快就被层出不穷的新人替代。究其原因，固然有年轻人自身原因，但民族声乐教育和人才培养体制缺乏科学性、系统性则是根本原因。我看到了这个问题。虽然在培养李谷一过程中摸索和总结了一些经验和方法，但我知道，科学的理论和方法，必须有共性和普遍性规律作基础，民族声乐要发展、要繁荣，就必须要在这个基础上前行。

　　当时，我迫切需要有大量教学实践来支撑我已成雏形的教学法，那是时代的召唤和自我"救赎"的需要。我已经感受到民族声乐繁荣脚步的临近。我不自觉地开始忘我的工作，并告诫自己应勇敢去承担历史赋予的重担和责任！

1981年注定是我人生中最值得关注的一年。这一年，我实现了事业的转型，进入中国音乐学院专职从事中国民族声乐教学和研究工作；同样在1981年，彭丽媛前来学习，由此开始了长达10年、彭丽媛最终成为中国第一位民族声乐研究生的师生历程，彭丽媛也因此与中国民族声乐教学体系一同"瓜熟蒂落"，并成为了当代中国民族声乐的领军人物。

　　1981年9月，中国音乐学院迎来了她复办后的第一批学生。第一次作为高校老师登上讲台，我心里充满着喜悦，更满怀着激情和责任。鞠敬伟成了我在中国音乐学院所带的第一个民族声乐本科生。

　　除了学校的正常教学和日常工作外，我几乎将所有的时间都投入到教学中去，常常连节假日都没得休息。对来自全国各地求教的人，我也是尽量能指导就给以指导，碰到有天赋、有前途的学生，我还特别予以关注，介绍或安排他们进中国音乐学院进修学习。在中国音乐学院大楼二楼的我的琴房里，人们常常可以看到我一坐就是一整天，学生轮流来上课的场景。而在顶楼我那间斗室般大小的家，卧室也兼有会客室、餐厅、琴房等功能，因为来的学生太多，家里又太小就只能坐床上，以致几年的时间学生们就将床垫外侧三分之一位置的垫子完全坐坍塌了。

　　1985年2月，鉴于我在教学和科研方面的成绩，我被破格提拔为中国音乐学院声乐系副主任，1987年职称也被评为副教授。

　　▷ 1985年1月，金铁霖在河北石家庄艺术学院讲学

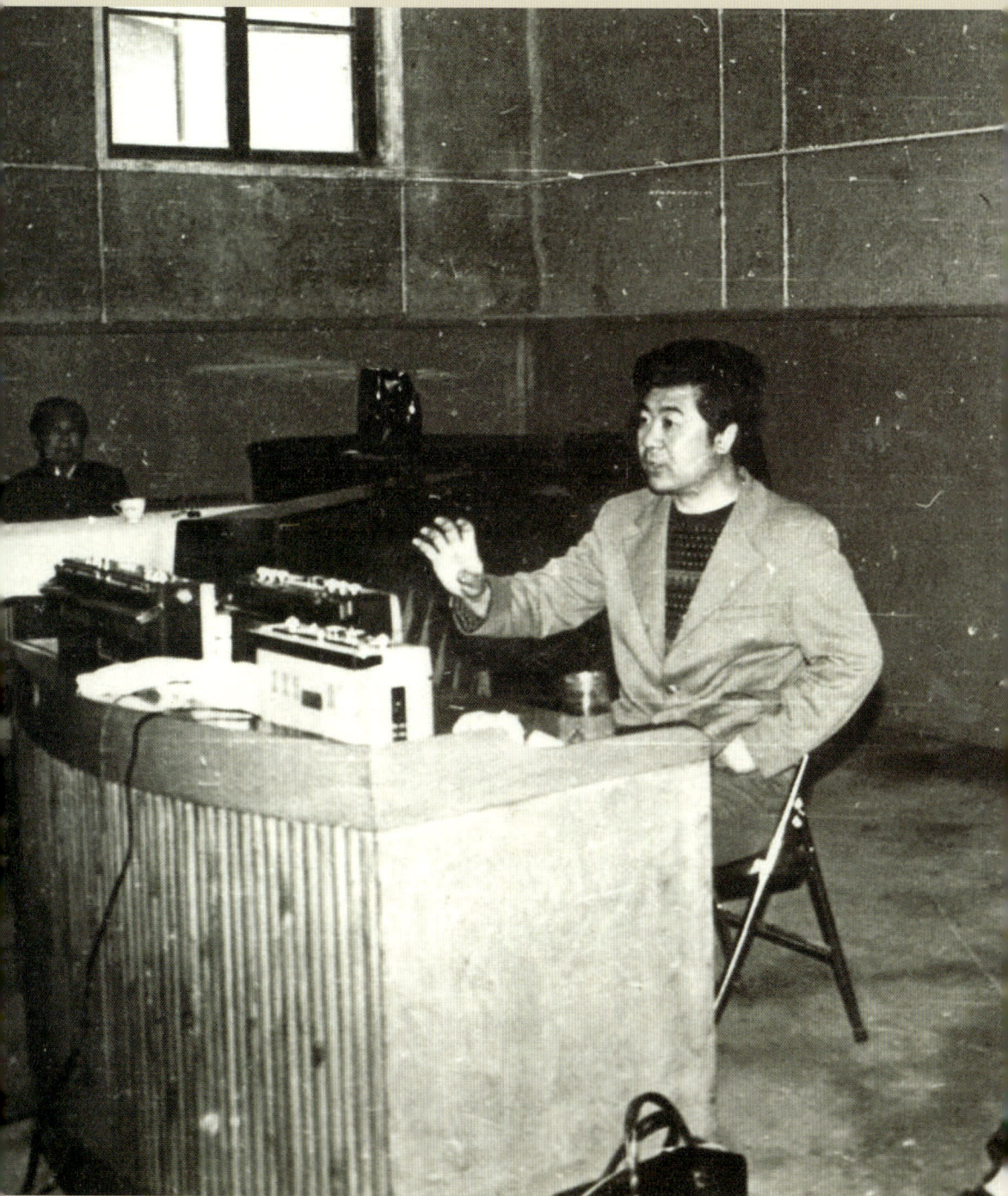

到1987年，除李谷一、彭丽媛外，我还培养出了宋祖英、董文华、阎维文、刘斌、鞠敬伟、徐笑萍、倪雪萍以及阿拉泰（蒙族）、金小凤（傣族）、方银花（朝鲜族）等在中国民族声乐乐坛有影响力的人物。其中，彭丽媛以优异成绩从中国音乐学院提前毕业，而且还成为了当时中国音协最年轻的理事，她还是文化部首届"全国聂耳、星海声乐作品比赛'民族唱法组'"金奖获得者。鞠敬伟也获得了首届"全国青年歌手大奖赛"金奖"金孔雀杯"。那时，全国乐坛共有150多名歌唱演员因受过我直接辅导和训练而称我为老师。至于听过我课的人，据不完全统计，至少有两千人。我个人举办过的各类讲座，到1986年底，我个人统计达到近百场。在大量的教学实践中，民族声乐教学体系和教学方法得以丰富和完善。

◁ 20世纪80年代，邀请沈湘先生在中国音乐学院讲学
◁ 2007年11月，金铁霖教授参加在上海举行的第三届全国民族声乐论坛

△ 20世纪90年代中期在课堂上

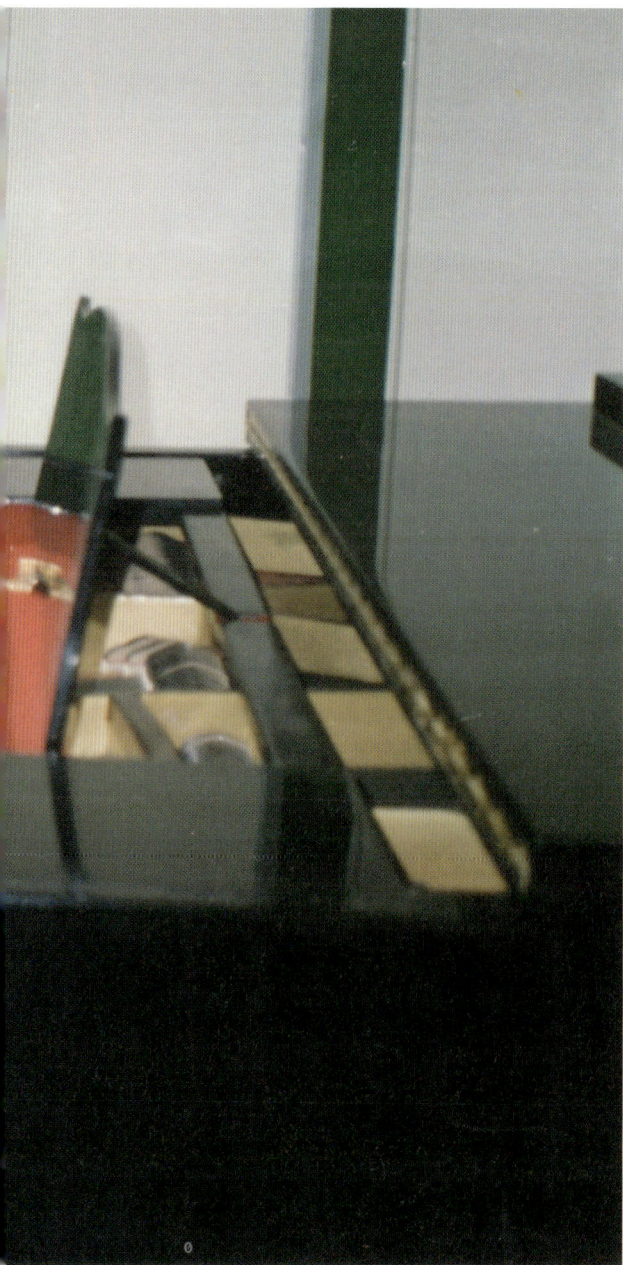

1986年2月，在浙江省民族声乐培训班上，我第一次在公开场合，提出了建立中国民族声乐学派，构建中国民族声乐训练体系，以振兴属于我们中华民族自己的声乐事业的建议。同年7月，我在《中国电视报》发表的一篇文章中，提出中国民族声乐的科学性、民族性和群众性，并提出了"声、情、字、味、表、养、象"民族声乐的七字标准。1987年1月，在1986年《中国音乐》第1期发表的《谈民族声乐教学》基础上，《歌曲》杂志分十期发表了我的

《浅谈我的声乐训练方法》文章。在这篇长文中，我系统性地论述了中国民族声乐科学发声和演唱方法。至此，中国民族声乐教学体系基本框架的构建基本完成。

几乎在20世纪整个80年代，为推动和促进民族声乐艺术的科学发展，挖掘和培养民族声乐人才，丰富老百姓的

△ 1986年，在浙江省民族声乐培训班上
▷ 在《95之夏》金铁霖教授昆明声乐教学周座谈会上

文化生活，金铁霖乐此不疲地奔波于全国20多个省、市、自
治区，进行了各类声乐讲学活动上百场。据不完全统计，当
时听过他的课和被辅导过的学生有上万人。他还多次举行电
视和电台声乐讲座，让千万声乐爱好者得以受教。农民歌唱
家"大衣哥"朱之文就是听金铁霖教学讲座磁带成长起来
的。据朱之文自己描述，他1988年买了一套金铁霖声乐教学
磁带，20多年来朱之文就一直跟着磁带中的讲座学唱歌，在
自家院子里练发声，喂猪时唱，下地干农活时唱，唱了20多
年，如今，朱之文唱到了北京，也唱出了名声。朱之文一直
自认他是金老师的学生，只不过是千千万万个没有经过金老
师当面授课的学生之一。

当我们问金铁霖是否认朱之文这个弟子时，金铁霖笑着说，只要是人民喜爱的，我就认可他。金铁霖接着说："朱之文为什么能把《滚滚长江东逝水》唱得那么受欢迎，甚至像杨洪基？其实朱之文是男高音，杨洪基的《滚滚长江东逝水》是男低音，朱之文能唱出这种效果是因为他掌握了科学

△ 20世纪90年代初，在金铁霖声乐讲习班开学典礼上

的发音方法。"

的确，作品是随着人演唱能力的提高而推动的。从专业角度看，因为方法的提高，人的演唱能力也大幅度提高；而从声音角度来讲，主要是混声里面的假音程度多了。金铁霖声乐教学体系是以"四性"（科学性、民族性、艺术性和

△ 1990年，在广州星海音乐学院讲学

△ 1994年，在全国民族声乐艺术研讨会上讲学

时代性）为经，以"实践是检验声乐教学的标准"为纬，以"声、情、字、味、表、养、象"为教学标准，以启发式的感觉教学为教学方法，以达到科学的自然阶段为教学目的的中国声乐教育科学理论体系。

30多年的实践已经证明，金铁霖声乐教学体系是当代中国最具成果性的科学民族声乐教学法。

△ 2004年10月6日至8日，由江苏省文化厅、南京艺术学院联合主办，江苏省文化馆承办的"江苏高级声乐人才研修班"在南艺音乐厅举行，此为金铁霖现场讲课情景

△ 2005年，在"金铁霖教授示范教学暨学术讲座"上

3. 彭丽媛：中国民族声乐第一位硕士

彭丽媛能做我的学生，是我们师徒的缘分。我曾不止一次地在公开场合提过一个观点，即"我和学生是合作者"，这是我有感而发的。如果说我教李谷一时期是我研究和实践民族声乐教学体系的基础性阶段，那么到了彭丽媛时期，我们解决了这一体系的科学性问题，是走向了成熟的阶段。彭丽媛和我为此做了大量开创性工作，她是有大贡献的，她能成为当今中国民族声乐领军人物，是当之无愧的！

彭丽媛是1981年4月开始跟我学习的，那时我还刚借调到中国音乐学院不久。一天，李凌院长对我说，有个叫彭丽媛的同学唱得不错，条件很好，你带带她吧。

后来我才知道，彭丽媛那时在京城已经崭露头角，有一定名气了。彭丽媛14岁就考取了山东艺术学院（中专部），师从著名女高音歌唱家王音璇教授，主攻民族唱法，以山东民歌为主。由于彭丽媛自身条件很好，加上王音璇教授有她自己一套训练方法，主要是重点训

▷ 1988年央视春节晚会上，彭丽媛首先演唱《我们是黄河泰山》，并成为她的代表作之一

我们是黄河泰山

1=#F 2/4

曹 勇 词
士 心 曲

彭丽媛 演唱

稍慢

（伴唱）啊　　　　啊　　　　啊

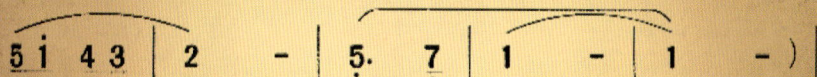

啊　　　　　　啊

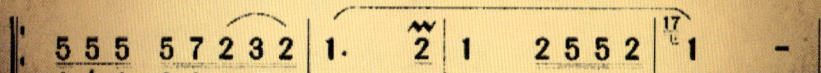

我漫步　黄河岸　　边，
我登上　泰山之　　巅，
我面对　大海长　　天，

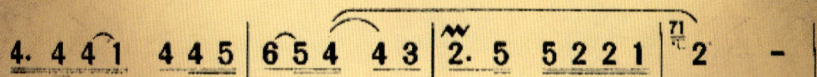

浊浪滔　天向我　呼　唤，
天风浩　荡向我　呼　唤，
用歌声　向未来　呼　唤，

祖先的　历　　史　像黄　河　千里奔　流，载着
中华的　风　　骨　像泰　山　千秋耸　立，铭刻
中华的　希　　望　像太阳一定会升　起，我们

△ 1982年，给彭丽媛授课

练她掌握一些特殊唱法，如甩腔、拖腔、舌尖颤音、波音、滑音和顿音等，彭丽媛进步得很快。1980年，在北京举办的全国民族民间唱法汇演上，彭丽媛演唱了《清蓝蓝的河》、《微山湖荡起采莲船》和《包楞调》等山东民歌，轰动京城，获得广泛好评，也引起了作为音乐评论家李凌院长的关注。1981年初，彭丽媛在广州参加演出活动，邂逅了李凌院长。识才惜才的李凌院长当即建议只有18岁的彭丽媛继续深造，全面提升自己各方面素养，尤其是声乐方面

的能力。好学的彭丽媛当然是求之不得，在征得她当时的单位济南军区前卫歌舞团同意后，在李凌院长的安排下，她只身来到中国音乐学院进修。

记得我们第一次见面，感觉她特别纯朴，但一听她唱歌，又觉得她表演很自信，很即兴，声音也很自然。她当时唱了山东民歌，还有《小二黑结婚》等，有明显的山东民歌特色。一听她唱完，我就决定教她。我记得当时我是这样跟她说的，我说你的声音条件很好，演唱很有风格和乐感，很有前途，但先得把基础打好，重要的是要解决声乐基本训练问题和加强艺术方面的修养。我还告诉她，我不准备也不会打破她现在的演唱特点，我会根据她的条件和特点，用科学的方法使她以后不仅能唱好山东民歌，还能唱好全国各地民歌和创作歌曲，以及中国的古曲乃至国外艺术歌曲和歌剧。我不是要把你彭丽媛培养成其他什么人，我培养的最后仍然要是彭丽媛！

我当时就是这样考虑的。我想，李谷一是唱地方戏花鼓戏的，这么多年来，我已经摸索到一个方法，解决了她唱法上的问题，从而迎来了乐坛"李谷一时代"。彭丽媛作为新生代民歌代表人物，我是否能用更为科学的方法，使她达到更高唱法水平，真正让中国民族声乐具有科学性、民族性，成为被世界所认可的唱法学派？对此，我是充满信心的。而彭丽媛跟我学习以后的刻苦、勤奋以及自律、不服输的表现让我更充满惊喜，我庆幸我有这样的好学生，让我对中国民族声乐事业后续有人感到欣慰。

彭丽媛悟性极高。在跟我学了几个月也就是1981年7月时，她写信告诉她的启蒙老师高承本，说现在又进入了紧张的学习和演出时期，很少有时间出去玩。她感觉现在（演唱）方法比以前确实有些改进了，有时唱一个多小时都不觉得疲劳，看来演唱的方法是何等的重要！除了在科学的方法上加强训练，我还让她广泛接触各民族歌曲、西方歌曲、歌剧咏叹调、京剧唱腔等，让她从各种歌唱形式中广泛吸取营养。彭丽媛特别用功，爱动脑子而且擅于融会贯通，所以她进步得很快，在学习不到一年后的1982年中央电视台举办的春节联欢晚会上，她和众多著名老艺术家同台演出，以《在希望的田野上》和《我爱你，塞北的雪》给广大电视观众留下了深刻印象，由此给她以后的演唱生涯打下了坚实和广泛的群众基础。为了拓宽她的艺术视野，我还请了郭兰英和沈湘给她上课，帮助她掌握声乐技巧和提高演唱水平。1982年9月，她在出国演出访问期间给我的一封信中说，外国观众非常喜欢中国的民族声乐，他们所到之处都受到了热烈欢迎。从彭丽媛的信里，我看到了我们民族的声乐之所以被外国人所喜爱，那是因为他们听懂了我们的音乐，简单地说就是听到了人类共性的东西，即美的演唱，而能做到这点的，归根到底就是运用了科学的发声方法。由此我想到1981年世界男中音歌唱家基诺贝基来中央乐团讲学，一次偶然机会听到了李谷一录制的磁带专辑中的歌声，他非常兴奋，对李谷一评价很高，认为李谷一的演唱是他当时在中国听到的最科学的演唱，并且执意要了李谷一两盘专辑带走。当他得知李谷一也是中央乐团的演员后，就问："为什么上课的学员中没有她？"（当时中央乐团选拔参加基诺贝基讲座的学员都是唱美声的）陪同者告诉基诺贝基，因为李谷一是唱民族的，所以就没有让她来听课。基诺贝基反问道："他们不都是唱歌的吗？"显然，在基诺贝基的耳朵里，并没有美声与民族之分，有的只是科学与不科学之分，美不美之分。从彭丽媛的

▷ 1993年6月，"中国歌后——彭丽媛演唱会"在新加坡举行。这是中国民族声乐歌唱家第一次在国际上举办个人演唱会。从此，新时期中国民族声乐开始走向世界。图为演唱会前金铁霖给彭丽媛辅导

来信中，我更加确信了中国民族声乐要走向世界，必须要解决科学性的问题。

进修生学习时间一般只有两年，到了1983年眼看进修时间就要届满，彭丽媛很着急，因为她觉得还有很多东西要学，还想继续深造。当时我也觉得她仍然有很大的提升空间，因此也认为她应留下来继续学习。我是基于两方面考虑的，一是虽说经过两年学习她已有很大提高，但还存在着一些问题需要改进，我的一些针对她个性发声方法提升的东西还没有完全达到效果；二是在彭丽媛来中国音乐学院学习时，本来就是让她入本科的，但当时没有实现。现在经过两年进修学习，她的水平远远超过了入读本科的条件，加上她本人又有意愿去学习，单位又不反对，从爱惜人才角度出发，我们应该支持和帮助她入读本科。在多方努力之下，彭丽媛终得以进入本科继续学习，还是跟我主攻民族声乐。

1984年，彭丽媛由济南军区前卫歌舞团正式调入北京总政歌舞团，从此舞台实践机会更多，平台更大了。由于她的刻苦，可以说在我所有的学生当中，她是最刻苦的其中一个，以及爱琢磨，那几年她几乎把所有能用的时间都充分利用起来去琢磨自己的演唱方法，她的实力展现一发不可收拾，连获国家级大奖。1985年，她获文化部举办

的第一届"全国聂耳、星海声乐作品比赛'民族唱法组'"金奖，继而又因主演中国大型歌剧《白毛女》获全国戏剧界最高奖第三届"梅花奖"。在看完由彭丽媛主演的《白毛女》演出之后，原中央宣传部副部长、也是《白毛女》原创作者贺敬之兴奋地说："出乎意料！出乎意料！"《白毛女》曲作者之一陈紫也赞叹说："白毛女千千万，能载入史册的，恐怕只有王昆、郭兰英、彭丽媛。"为什么彭丽媛能得到《白毛女》原创者们的认同，我想是因为彭丽媛虽继承了王昆、郭兰英等老一辈艺术家所长，但更主要的是她有了自己的特色，并在演唱方法和表现艺术上有新的发展和提高。如果我在指导彭丽媛出演《白毛女》时硬将她变成郭兰英或王昆，没有她彭丽媛本身的特点和风格，也没有科学的发声方法，还是带有她自己本身的山东民歌风味，那么我想就不一定会有贺老以及陈紫先生那样的高度评价了。彭丽媛版的《白毛女》演出成功，标志着中国民族声乐发展到了一个新的高度。

彭丽媛很爱思考，看问题的着眼点一直比较长远。在上本科时，她曾在日记中写道："我的理想不是仅仅唱几年歌，我一直在想，中国民族声乐还缺乏系统的艺术理论总结，我们还停留在传授上。不像意大利美声唱法，有完整的、系统的理论。我们的前辈唱了几十年好歌，就是说不出为什么。这样下去，我们的民族声乐怎么能发展？工

在希望的田野上

业在起飞，农业在起飞，艺术上也要起飞。我们应该把我们民族声乐艺术拿到国际艺术论坛上去。而这个重任已经义不容辞地落在我们年轻一代身上了，而我也是其中的一分子。"（引自《环球人物》杂志2011年第17期的《彭丽媛的新使命》）有这样的认识，我们就不难理解彭丽媛在提前完成本科学业已经毕业离校情况下（她因成绩突出，提前一年毕业），在得知我要在1987年首次招收中国民族声乐硕士研究生后，就再次要求回校跟我攻读研究生。就这样，彭丽媛又跟我读了3年研究生，成为了中国第一个民族声乐研究生并获得了硕士学位。

从1981年彭丽媛在中国音乐学院进修开始，到1990年她在我的指导下完成硕士研究生学业，我教了她差不多10年。这10年，我

◁ 1982年，作曲家施光南与词作家晓光一起满怀激情与对中国改革开放事业的赞颂和希冀写下《在希望的田野上》。彭丽媛在1984年央视春节晚会上演唱了这首歌曲。这也是她的代表作之一

们既是师生，又是合作者，教与学都相长。回顾这10年所走过的路，它是一条追求、探索、艰辛和成功的路。记得在她研究生毕业音乐会设计演唱曲目时，我们有意识地将她的演唱分成四组：第一组是中国民歌，这是她的老本，是根；第二组是中外艺术歌曲及歌剧选段，这组是我教课所用的教材曲目，是用西洋美声唱法来唱的。在彭丽媛以前，应该还没有一个唱民族声乐的歌手能如此娴熟地运用美声唱法，可以说，她在美声唱法民族化上做了一个很好的开创；第三组是中国民族歌剧，这部分是真正展现她的水平和实力的；第四组是中国现代创作歌曲，主要是她那几年所演唱的为老百姓喜闻乐见的新时代创作歌曲。之所以敢如此设计，就是因为经过这近10年的学习，彭丽媛已具备了这样的实力。她掌握了科学的演唱方法，她的艺术表现更有深度，歌曲处理更有章法，可以说她在民族声乐表演艺术方面全面成熟了。也正因为此，我对她这次毕业演唱会的成功充满信心。可彭丽媛当时还很紧张，她对我说她心里没底。这也可以理解，这毕竟是她有生以来的第一场独唱音乐会。我记得我当时对她说了下面一段话，我说："我陪你参加过很多次比赛和演唱会，也看过你参加过很多次考试，那时我还真紧张。而这一次我很放心。为什么呢？因为你已经具备了牢固的声乐基础和艺术表现能力，我相信你会有出色的发挥的。"

果不其然，毕业演唱会很成功，得到了各界的广泛赞誉，完全达到了10年之前她刚做我学生时我们所定下的目标。老院长李凌在看完彭丽媛毕业演唱会后，还专门写了一篇题为《她没有辜负人民的期

望——听彭丽媛硕士研究生音乐会》的文章，在文中他这样写道："当时我们想到，民族民间唱法的教学，还没有理出一套行之有效的方法和规范"，因此，"对于小彭（彭丽媛）的培养，并不是非常有把握。""金铁霖老师的辅导是认真、细心的。从每个学期的汇报看，小彭都有提高和发展。""但我没想到，她在毕业后又回到学院，跟金铁霖老师进一步做硕士生的磨炼，更没想到，她会达到像她在这次音乐会上所显示出来的那么令人折服的成就。听众对音乐会反应的热烈，是少有的，他们的拥戴也是发自内心的。""她的演唱，兼及中外古今，但她不仅保持了原来民间歌唱的优异本色，而且在行腔、力度的运用上，也有较大的发展。可以说，她是一个比较优秀的融贯中外、具有较高成就的新型民族声乐人才。"李老不愧是我国著名的音乐评论家，他的评论可谓客观、公正，入木三分，揭示了本质。彭丽媛音乐会，也是对中国民族声乐应该具有"科学性、民族性、艺术性和时代性"和应该达到的七字标准，即"声、情、字、味、表、养、象"这一教学思想的成功体现。可以说，彭丽媛是中国民族声乐教学体系的主要参与者和实践者，她对中国民族声乐教学体系乃至中国声乐事业的形成和发展有着不可替代的作用，并作出了重大贡献。彭丽媛和中国民族声乐一起走向了辉煌。中国民族声乐能成为我们这个社会主旋律并为老百姓所喜爱，成为我们重大活动或晚会不可缺的部分，彭丽媛的作用是显而易见的。我能为中国民族声乐事业培养出像她这样的学生而感到无上光荣和自豪。

　　谈及彭丽媛领衔的大型情景歌剧《木兰诗篇》2005年在纽约林肯艺术中心的表演，金铁霖评价称，她的歌声又一次征服了世界观众。

　　金铁霖认为中国民族声乐有悠久的历史传统，一路的发展并不容易，但在中国声乐界与国外的交流中，应该说国外许多优秀的声乐已经走进中国，音乐院校的声乐课程里，来自意大利、法国、俄罗斯等欧美国家的声乐作品差不多是必修课程，与之相反，民族声乐并未完全走向世界。

　　"但我们都在一直致力于把中国声乐推向世界，向世界展示中国声乐。早在1993年，彭丽媛就在新加坡举办过个人演唱会，向世界展示了中国声乐的风采。在世界音乐之林中，现在不是只有意大利、俄罗斯、法国等国的声乐作品，中国声乐已开始踏上走向世界的道路，光明在前。"金铁霖高兴地对我们说。

金铁霖还特别赞同彭丽媛在全国政协会议的一次发言中所提出的观点，彭丽媛说："要使中华民族文化走向世界，必须踏实地继承优良传统，坚守本土文化的自信和信仰，吸收人类的文明，既不固步自封，也不妄自菲薄。"（2010年2月全国政协十一届三次会议发言）

"彭丽媛说出了我几十年的信念和追求。中华文化、中国声乐走出去只是时间问题，我对此充满信心！"金铁霖不禁有些兴奋，说这话时不知不觉地站起了身。

4. 我的第一个博士生
—— 宋祖英

1988年10月，中国音乐家协会和湖南音乐家协会在长沙共同举办了一个"金龙杯"青年歌手大赛，我应邀担任了比赛的评委，就是在那次比赛中，我第一次见到了参赛的宋祖英。那次比赛宋祖英表现得相当出色，决赛时她演唱了那首带有苗家风格的歌曲《阿哥你莫走》，演绎得非常不错，给我留下了深刻的印象。那次比赛，她和已是中国音乐学院本科二年级学生的张也并列"金龙杯"歌手大赛专业组民族唱法第一名。那时，我对宋祖英的看法就是觉得这姑娘很有潜质，值得好好培养，至于是否当时就已看到她能取得今天如此成就，讲老实话，我还真没有。

大赛结束时，当时在湖南长沙电视台负责大赛转播的编导罗浩，如今的宋祖英丈夫，向我极力推荐宋祖英，希望我能收宋祖英做我的学生。看到如此好苗子，我当然乐意去培养她，于是就同意让宋祖英跟我来学。第二年一开春，也就是1989年3月，宋祖英只身来到北京，成为了我的学生。

20世纪80年代末北京的交通还很不发达，我那时住在苇子坑，最近的公交车站到我住的那里都要走上一段路。宋祖英刚来北京时，住的地方离我家还很远，每次上课她都要倒腾几趟车才能来到。记得第

▷ 1998年2月，金铁霖和学生宋祖英在"中国民族声乐、民族器乐优秀青年演员研究班"结业典礼上

一次上课，也许紧张，在唱过她在全国第二届少数民族声乐大赛上拿过金奖的作品《今日苗山歌最多》后，我让她再唱其他歌时，她竟都"不会"唱了。看着在一旁发愣的宋祖英，我当时没有说什么，可内心却隐隐约约感到这姑娘的与众不同，感受到她这份紧张似乎与渴望学习和提升自己的追求有关。

以后的事实证明了我这份预感。在教了她一段时间后，也就是半个多学期吧，宋祖英身上内在的优秀品性就开始逐步显现。我发现她很质朴、善良，更重要的是，作为一个学生，她的勤奋、能吃苦以及对自己的严格要求、对专业的精益求精等优良品质，让我这个做老师的感到发自内心的欣慰。

为了便于就近上课，宋祖英搬进了中国音乐学院居住。因为学校宿舍紧张，像宋祖英这样的进修生只能住在学校地下室改造的宿舍，可她一点都不在乎，听不到她有一丝怨言。更难得的是，因为学生多，课程排得满，往往要将学校的课上完后才有时间去给宋祖英他们这些来进修的学生上课，为此往往上课时间都无法确定。可宋祖英好像时刻都准备要上课似的，只要我有空给她上课，不管我预先是否告知她，打电话到宿舍，她保准在。所以我常说，一个人是否能有所成就，关键还是要看自己，一分耕耘，一分收获，天赋固然不可缺，但努力也是成功的必然要素。

宋祖英为人很好，不论出名以前还是出名以后，她都始终保持着她本色的东西，待人以礼，待人以诚，努力做好自己。我曾说过，要真正唱好歌，得先做好人！这点宋祖英做到了，而且做得很好。

△ 2002年12月20日，宋祖英与老师金铁霖、马秋华在澳大利亚悉尼歌剧院"好日子——宋祖英独唱音乐会"演出海报前合影

宋祖英还有一个突出优点就是她的好学，她的学无止境的精神。这点也是我提倡和奉行的做学问的准则。我历来主张"活到老、学到老"，"学习，学习，再学习"。因为人只要活着，就会永远有你不知道的事情，永远有你要学的事，学无止境！这对我们每个人来讲都是一样的，包括我自己。在多年的声乐研究和实践中，不断学习已成为我生活的常态。向传统知识和经验学、向国外先进理论和方法学、向同行学，乃至向学生们学，这些都让我受益匪浅，也是我不断能在教学上创新的基础。而宋祖英能取得今天的成就，也是与她不断学习、努力追求更高艺术境界分不开的。

从1989年到她博士毕业，宋祖英跟我学了整整23年。这23年来，宋祖英可谓是一步一个脚印、脚踏实地走过来的。记得1990年中央电视台春节联欢晚会节目组征求我的意见，我就推荐了宋祖英和李丹阳给他们，宋祖英以一首《小背篓》开始引起全国观众的喜爱和关注。1995年《辣妹子》推出后，她开始红遍中国大江南北，从此一发不可收拾。但即便这样，宋祖英还依然保持着头脑清醒，依然通过不断学习来完善自己、追求更高的艺术境界。1998年至2001年，她在中国音乐学院优秀演员研究生班接受了较为系统的专业学习，我任主课老师，她的演唱水平由此达到了一个新的高度，技艺更为成熟。2002年悉尼歌剧院、2003年维也纳金色大厅、2006年美国华盛顿肯尼迪艺术中心这三场个人演唱会的成功举办，宋祖英将当代中国民族声乐的神韵和风采展示于世界舞台。至于2008年奥运会闭幕式上与世界三大男高音之一的著名男高音歌唱家多明戈的合作以及这几年她所密集推出

的一系列高水平演唱会，正是她不断学习、厚积薄发的必然产物。

2009年，当中国音乐学院民族声乐理论博士点首次招生，宋祖英向我提出继续学习、进一步深造的愿望，经过学校组织的考试，她被录取成为了我的博士生，她也因此成为了中国民族声乐学科领域第一个博士生。

如果从我的"七字标准"（声、情、字、味、表、养、象）来看，宋祖英无疑是我学生当中综合条件最好的人之一，但她的成功我看更主要的是取决于她的刻苦和自身的修养。我这里的修养指的是全面素质，包括文化程度、音乐程度、艺术品位等等。从声乐体系、声音类型来看，宋祖英属于假声偏多的混合声，声音有很大的伸展力和张力，表现范围比较大，优势和特点是善于表演风格性、地域性比较强的作品，特别是一些少数民族歌曲。作为老师和她国外3场音乐会的声乐指导，我当时给她设计了不同的演唱方法：悉尼音乐会用"前中小支点"来唱，声音灵活甜美而且非常省劲；维也纳音乐会时，我发现她低音弱、声音色彩差，于是我让她用"开贴"的演唱方法，果然音色大气，气息饱满；美国肯尼迪艺术中心音乐会，她使用"前下支点"全身唱法，其效果是声音更宽大、吐字更清晰。至于在奥运会闭幕式上和多明戈合作，她则用的是"下支点"全身唱法，而这种唱法已接近美声的特点了。所有这些，宋祖英都收获了鲜花和掌声，赢得中外观众的一致称赞，也为中国民族声乐赢得了荣誉。在师承我学习的这20多年间，宋祖英继承了中国民歌本源唱法的精华，同时不断研究和探索今日民族声乐发展之路，并大胆借鉴国外一切优秀的歌唱方法，形成了她今天的演唱风格。可以说，宋祖英是中国声乐"民族性、科学性、艺术性和时代性"教学理念最好实践者之一。

作者手记：

2012年6月，金铁霖所带的第一个博士生宋祖英在完成所有规定课程及毕业论文后顺利毕业，并在当月23日晚在中国音乐学院国音堂音乐厅举行了宋祖英"博士毕业独唱音乐会"。金铁霖作为导师也亲临了现场，对宋祖英的毕业和获得博士学位表示热烈的祝贺。

谈及宋祖英能顺利毕业并获得学位，金铁霖连说不简单。"读博士不容易，功课多，学习任务繁重，可以说，非常辛苦。宋祖英学习很刻苦，我听别人说她那时到哪儿都随身带着课本，一有空就忙着写作业、学英文、背单词，还推掉了不少商演。"金铁霖评说道。至于这次宋祖英博士毕业选择的中国古典诗词新创歌曲这个课题，金铁霖评价很高："它为中国民族声乐宝库增添了财富，为探索中国民族声乐艺术以高雅形式引领社会进步、服务当今时代的文化大发展大

△ 上世纪90年代，金铁霖和学生宋祖英、张也在采风途中

繁荣、向世界唱响东方的经典文化音符，作出了贡献。"

金铁霖引用了自己在宋祖英博士毕业音乐会时所作的评语："我讲过几句话：宋祖英同学歌唱得很好，做人又很低调，学习很谦虚，完成作业很好，她德艺双馨方面做得很突出。"说到这里，金铁霖欣慰地笑了起来。

◁ 2004年9月，《金铁霖声乐教学》音像制品首发式暨新闻发布会上和学生合影，前排右起郁钧剑、李晖、宋祖英、金铁霖、吕继宏、马秋华、王丽达、戴玉强

第七章

【任职中国音乐学院院长的十三年】

1. 获任院长

我是1981年9月借调到中国音乐学院任教的，1982年正式调入中国音乐学院工作。1985年我被任命为声乐系副主任（没有正职），主管声乐系全面工作，1990年又获任声乐系主任。1987年我被破格评为副教授，1990年又被破格评为正教授。1996年4月，国家文化部发文，任命我为中国音乐学院院长。而此时，我已经在中国音乐学院实际工作近15年。

中国音乐学院成立于1964年9月，是在周恩来总理倡议及其对文化部《关于建立中国音乐学院和中国舞蹈学校的请示报告》的批示下，文化部在原北京艺术学院音乐系、中央音乐学院民族音乐专业与中国音乐研究所的基础上，从全国挑选了一批民族音乐专家成立的。她以"弘扬民族音乐，培养民族音乐专门人才"为办学目标，是我国唯一一所以中国民族音乐教育和研究为主要特色，培养从事民族音乐理论研究、创作、表演和教育，推动民族音乐文化继承和发展的高级专门人才的高等音乐学府。中国新歌剧事业的开拓者安波、马可曾任中国音乐学院第一任院长和副院长。

对获任院长，我当时还真没有想过。我的兴趣和爱好，讲老实话，还是在教学上。我觉得能做个教师，做个好老师，已是一个不错的职业了。对做行政工作，即使像系主任那样以抓教学为主的行政职务，我都不是太在意。当上级领导找我谈话，告诉我组织上的决定

△ 金铁霖任中国音乐学院院长期间

时，我还问院长不是应该在副院长中选吗？我要当也应该先当副院长吧。那位领导一听，忙说，教授也算是副院长级别，你的能力足够胜任了。

我就这样被时代推上了中国音乐学院院长的位置，我也知道自己

△ 1998年2月，金铁霖与学生李丹阳在"青年演员研究班结业典礼"上合影
△ 2004年金铁霖给学生张也授课

身上的担子颇重，任重而道远。当时我就想，虽然我的管理经验欠缺，但我将竭尽所能，鞠躬尽瘁，为中国音乐学院的发展努力工作，以此来报答国家和同志们的信任。

　　但我没想到的是，我这院长一干就干了十三年（1996年至2009

△ 金铁霖给学生陈笠笠授课
△ 金铁霖与学生董文华合影

△ 任院长期间与时任中国音乐学院党委书记张雪（左二）、中国民族管弦乐学会会长朴东升（右二）合影

△ 任院长期间与时任领导班子成员在一起。中为中国音乐学院闫拓时书记，左为时任常务副院长、现任院长赵塔里木

年），成了到目前为止中国音乐学院建校史上任职时间最长的院长。这十三年，客观地说，的确是中国音乐学院发展史上最好、最快的时期，但这绝非是我金铁霖一个人的功劳，它是全院师生共同奋斗的结果，是"生正逢时"遇上了一个伟大的发展时代的结果。2009年9月，我卸任院长职位，但国家仍授予我名誉院

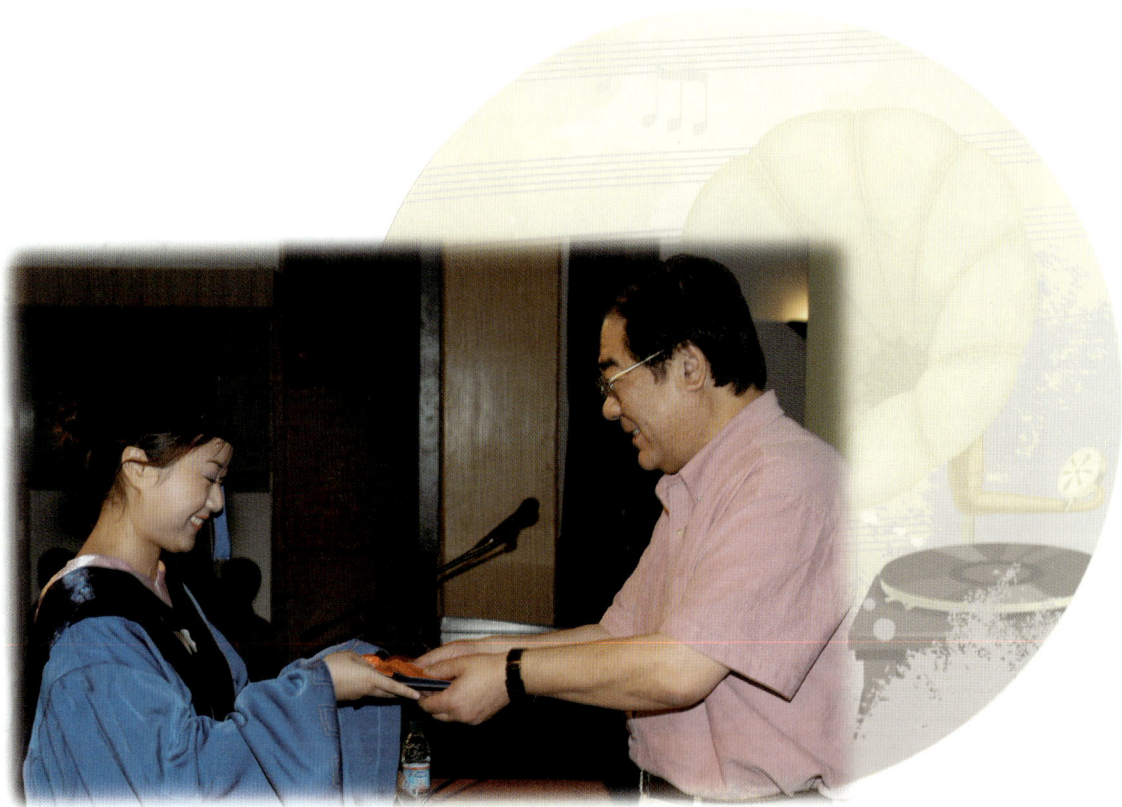

△ 任院长期间，为毕业生颁发毕业证书并授予学位

长的荣誉，对此我更觉是份信任和责任。虽然我现在不再有行政工作的羁绊，可以专心于教学，但我也会时刻关注中国音乐学院的发展，也愿为她的美好明天添砖加瓦、贡献力量。

作者手记：

音乐是人类共同的语言，器乐不必说，声乐亦复如此。

金铁霖对中外文化交流历来都非常看重，在他担任院长期间，他多次率团出访，也经常在学院接待到访的来宾，不但实践着让民族音乐走向世界的志向，而且为国家赢得了荣誉，赢得了朋友。

金铁霖跟我们讲了一个故事，那是在2009年中国外交部新年音乐会上发生的事情。面对165个国家的驻华大使、夫人及国际组织驻华代表，中国音乐学院青年爱乐乐团演绎了一场高水平的音乐盛宴。演出刚毕，印度大使就跑过来对金铁霖说，听了这么美妙的音乐与和谐的声音，面对当前印巴紧张的局势，我们有什么理由不倡导世界和平与民族和谐？波兰大使也感慨地说，听了师生们的演奏仿佛让他回到了故乡，并由衷地称赞这场音乐会是他近年来听到的最好的一次音乐会。

在金铁霖任院长期间，中国音乐学院先后与日本、韩国、美国、法国、德国等数十个国家以及港澳台地区的多所艺术院校及音乐机构建立了长期合作关系，学校每年聘请近百名外国专家来校讲学，培养留学生数百人，同时每年都派遣数百名师生赴境外进行演出和学术交流，中国音乐学院已成为传播和展示中国民族音乐文化的重要窗口。

"我会继续遵循温家宝总理'让民族音乐发扬光大，走向世界'这一嘱托，继续为促进中外音乐文化交流和中国音乐走向世界作出我力所能及的贡献。"金铁霖目光凝视远方，语音铿锵有力。

2. 十三年院长生涯的几点心得

如果在教学和做管理工作之间让我来选择的话，我会毫不犹豫地选择教学工作，因为我本身就是教学人员，我的专长就是教学和做研究。也许在别人眼里我是属于专家型院长，不是经营管理型的，这一点我自己也很清楚，因此在学院管理上，我采取的是集体领导、分工负责的管理模式。我将自己的定位放在决策、把握方向和协调工作

△ 金铁霖给学生阿拉泰授课

上，尽最大可能调动班子成员积极性，充分发挥班子每一个成员的长处，协调他们之间的关系并给予充分信任，从而使他们充分地把才智发挥出来。十三年来中国音乐学院的较快发展说明了这一管理模式是符合中国音乐学院建设要求的，这是第一点。

其次，我对中国音乐学院办学宗旨一直紧抓不放，时刻牢记中国

△ 2004年9月24日，中国音乐学院建院40周年，金铁霖在院庆典礼上讲话

音乐学院建院时周恩来总理"发展民族音乐教育"指示精神，一切围绕着中国音乐发展和繁荣做文章。20世纪五六十年代，建院不久的中国音乐学院是以民族声乐、民族器乐、民族理论作曲为主要办学方向，其中又以民族声乐为重中之重。那个时期，中国音乐学院培养出了吴雁泽、德德玛等一批优秀歌唱家，形成了与上海音乐学院南北呼应的两块阵地，带动全国高校民族声乐专业的快速发展。"文革"期间，民族音乐教育基本处于瘫痪阶段，直到20世纪80年代，中国音乐

▷ 2009年5月30日，中国音乐学院与美国伊斯特曼音乐学院举办"中美音乐之声"音乐会上，美方格拉斯·劳瑞院长在致辞

▽ 在美国学术交流后和美国儿童合影

△ 2004年5月，陪同爱尔兰文化部代表团观摩教学

学院以及其他院校复办后才陆陆续续得以恢复建制。中国音乐学院一复办，我们就单独设立了民族声乐系，与歌剧系并行，虽然复办第一年仅有两名考生报考民族声乐系，但经过多年发展，特别是近十多年的发展，中国音乐学院民族声乐专业已是公认的全国实力最强的了，不仅教学能力强，而且培养的优秀学生也多。可以这样说，自从20世纪80年代中后期直到现在，活跃在舞台上的民族声乐歌唱演员、歌唱家绝大多数是中国音乐学院培养的，而且在各类型比赛中获奖的民族

△ 2006年时任院长的金铁霖在讲课

声乐歌手很多也出自中国音乐学院。中国音乐学院因此在社会上享有很高地位，被人们视为"培养歌唱家的摇篮"。

能做到这点，得益于以下三个方面：第一，我们具有一流的民族声乐学术团队，具有全国一流的声乐教育专家亲自教学；第二，我们有一套科学的歌唱训练方法，不仅能解决教学技术训练中的一些技术难题，而且培养周期缩短，提高了成才率；第三，我们主张"特色教学"，既注重继承传统，又提倡借鉴、创新，并结合专业特点和发展需要，开设了戏曲、说唱、表演、形体、台词等专业特色课程，进而对于各种演唱风格兼收并蓄。我们在课程设置、教学内容、教学手段等方面形成了自己独特的优势，为国家培养了一大批声乐表演人才和声乐教育者。在我主持中国音乐学院教学工作期间，我主要抓了这三个方面工作。

▷ 2006年12月，中国民族声乐艺术研究会成立一周年之金铁霖学生音乐会

庆祝中国民族声乐艺术研究会成立一周年

金铁霖学生音乐会

△ 2008年4月，国际奥委会主席罗格夫人饶有兴趣地拨弄着琵琶，金铁霖向罗格夫人介绍
中国传统乐器

学科建设也是检验一个教育管理者的标准之一。我刚上任时，学院总共只有5个系，即声乐系、器乐系、音乐学系、作曲系、歌剧系，到我离任时发展为9个系、1个部，共10个教学部门。这10个教学部门是：音乐学系、作曲系、声乐歌剧系、中国民族器乐系、音乐教

育系、钢琴系、艺术管理系、指挥系、管弦系和社会科学部。学院形成了本科、硕士、博士多层次办学体系。对学科建设，我坚持以中国音乐学院办学宗旨为核心，坚持"洋为中用，古为今用"之原则，一切以服务中国声乐发展和繁荣为目标，不搞大而全，不搞花架子。我

△ 2008年1月8日至16日，金铁霖应挪威乌勒·布尔音乐学院的邀请参加"中国—挪威民族民间音乐对话"交流活动，与挪威著名民乐家Steinar Ofsdal等挪威民族音乐家作学术交流

△ 2007年4月28日，时任院长的金铁霖参加学院运动会

上任后仅3个月，就将声乐系和歌剧系合并成声歌系。在我的教学理念中，唱民族的可以唱西洋的，唱西洋的也可以唱民族的。科学的中国声乐应该既可以唱西洋声乐，又可以唱中国作品，民歌、原生态、戏曲都应可以唱。而对新增设的像指挥系、管弦系、钢琴系、艺术管理系，虽然也考虑到社会需求，但最主要考虑的还是为中国声乐发展和繁荣服务。比如我们的管弦系，可以说白手起家，现在却能组建起

△ 2004年5月，金铁霖接待爱尔兰文化部代表团访问中国音乐学院

自己的交响乐团。我要求他们既能演奏贝多芬、巴赫等大作品，也能演奏像《黄河》那样的中国交响乐，更要能为中国歌唱家唱中国歌曲伴奏。我们培养的歌唱家也具备了这样的实力，像宋祖英等在悉尼、维也纳、华盛顿等地举办个人演唱会，就是用交响乐团伴奏，效果好极了，轰动了世界。所以我的观点还是着眼在"洋为中用，古为今用"，讲究科学，为国家和老百姓服务。

第三，学校建设靠的是人才，人才的培养和引进对学校建设至关重要。对中国音乐学院的发展，我是主张"精英式"的。对有一段时

△ 2008年1月8日—16日，应挪威乌勒·布尔音乐学院的邀请，赴挪威参加"中国—挪威民族民间音乐对话"交流活动，进行民族音乐文化交流和演出。图为金铁霖与挪威音乐家在进行学术交流

期全国高校的"大跃进"和"扩容、扩招"政策，我真是不以为然。冠以中国名称的音乐学院，全国只有中国音乐学院这一所，我们培养不出中国声乐最顶级的人才是讲不过去的，所以对人才的培养和引进以及吸收到学校后继续予以关心和帮助是我担任院长这十三年期间最重视的工作之一。在这方面我的确下了不少功夫，工作也很坚决，但也留下了些许遗憾。不过像声歌系、器乐系和作曲系这些我们学院重点学系的人才建设还是抓得不错，人才梯队建设和拥有在全国具有影响力的专家人数在全国都名列前茅。此外，我们还通过聘请中国乃至

△ 2005年8月，欧洲合唱团应邀到中国音乐学院交流演出，领队正在向金铁霖介绍乐团情况

△ 2007年10月，由国际音乐理事会和中国音乐家协会共同主办的"国际音乐理事会第32
届年会暨第2届世界音乐论坛"在北京召开。世界各国、各地区的国际音理会执行理
事会全体成员、成员国代表、国际音乐组织机构代表和音乐界专家大约200人出席了
本次大会。图为金铁霖在大会上发言

世界一流音乐家担任名誉教授、客座教授的办法，请他们进来为学生授课。中国音乐学院目前有两个学生讲座很有名，一是"音乐教育名家讲座"，另外一个是"音乐创作名家讲座"，很多名家都来过，效果很好。

第四，改革开放让我们直接面对世界，融入了世界。过去是我们将国外的美声唱法引进中国，现在我们发展了自己的中国声乐，我们要将中国人自己的声乐传播到世界，让世界聆听中国人的声音。所以我是对学生们去国外开演唱会持大力支持态度的，像彭丽媛、宋祖英、戴玉强等都在国外重要的音乐厅举办过音乐会，我都曾作为艺术指导陪他们去国外。除此以外，我自己也以中国音乐学院院长身份多次去国外做交流，也邀请了不少国外音乐院校和音乐团体来中国交流，基本实现了温家宝总理"民族音乐需要在继承传统的基础上发扬光大，走向世界"的指示精神。当代民族声乐演唱艺术，

△ 和同行们研究教学问题

已经开始成功地走向世界，成为展示当代中国人精神面貌和国家软实力的一道亮丽风景。

最后，我想说的是，中国音乐学院这十多年的快速发展，离不开党和国家的扶持和支持。在我任院长期间，不少党和国家领导人以不同方式对中国音乐学院发展给予了指导和帮助，给中国音乐学院乃至中国民族声乐今后的发展指引了方向。我要以此鼓励作为鞭策，为中国民族声乐发展竭尽所能，鞠躬尽瘁，死而后已。

作者手记：

纵观金铁霖13年中国音乐学院院长生涯，我们可以发现金铁霖的贡献主要有以下几个方面：

第一，把学院教学体系基础打牢，把教学也理顺了，表现在院系不仅数量上增加，而且本硕博学位建制、教程体系等方面建设都更为科学、完善，符合并适应了学院长远发展要求。

第二，学院人才队伍建设逐步得以完善。通过突出培养教师、培养人才以及引进外来优秀人才，加强了中国音乐学院教师队伍的优化和素质的提高。十多年来学院的人才辈出领先于全国同类院校这一现象是与教师质量提升有很大关系的。

第三，开创了中国民族声乐从国内走向国外，民族声乐走向世界，并在世界上站住了脚。

由金铁霖教授亲自带队并担任艺术指导的中国音乐学院华夏民族乐团，于2007年1月30日至2月14日先后在瑞士、意大利、奥地利、卢森堡、德国、埃及等6国7个城市进行了巡演。此次巡演是十年来规模最大的一次中国民乐海外演出。乐团所到之处，得到了当地媒体的大力宣传和群众的欢迎，被赞誉为中国民族音乐走出国门的"成功之旅、胜利之旅"。华夏民族乐团在瑞士卢塞恩第一场演出即获得巨大轰动。图为演出结束后，中国驻瑞士大使朱邦造（后排左起第七人）、金铁霖、著名指挥家关乃忠先生（后排左起第八人）与部分演员合影留念，祝贺演出圆满成功

△ 2006年1月，应邀赴希腊学术交流，金铁霖与戴玉强在希腊雅典神庙前的合影

很多人都知道金铁霖爱才惜才。当初学院管弦系刚成立时急需引进人才，金铁霖就大开绿灯广纳人才，而且对每一个从国外回来的专家他都要会见并给予建议。对因进人指标而造成人才调入难的问题，他也是想法设法给予解决。金铁霖常说，在引进人才和留住人才上自己是比较坚决的，国外回来的专业人才和学院自己培养的尖子人才一定要留下留住，中国音乐学院这个路子他一直庆幸自己走对了。

　　在被问到还有什么期望时，金铁霖说："这13年我对中国音乐学院所做的工作，大家基本都认可，我原先的设想也基本都实现。如今，中国音乐学院已经形成了新的规格和标准，已在新的平台上发展，我期盼并相信中国音乐学院明天会更好、会有更大的发展！"

3. 在"桃李芬芳的季节"，
"向祖国汇报"

　　为纪念改革开放30周年，中国文学艺术联合会在北京举办了一系列庆祝活动。作为"改革开放颂"大型系列演出之一，"桃李芬芳的季节——金铁霖学生音乐会"于2008年12月8日在北京民族文化宫隆重举行。我的学生宋祖英、张也、阎维文、董文华、戴玉强、吕继宏、刘斌、祖海、吴碧霞、李丹阳等在舞台上放歌，用歌声唱响时代主旋律，讴歌改革开放伟大成就。

　　中央政治局委员、时任国务委员、现任国务院副总理刘延东出席

△ 与马秋华和戴玉强接受电视台采访

◁ 2009年7月11日，"向祖国汇报——金铁霖从教45周年学生音乐会"在北京人民大会堂举行，学生张辛献唱

了音乐会，还在会后接见了我和我的学生们，对我为中国民族声乐发展所做的大量工作给予了肯定，并祝贺音乐会圆满成功。

同年12月9日晚，中国音乐学院"纪念改革开放30年——金铁霖学生音乐会"在学院音乐厅举行，专程从各地赶来的20名学生为观众献

上了一场高雅唯美的音乐盛宴。北京市委、市政府有关领导，中国音乐学院领导出席了这场音乐会。

这场音乐会上半场用钢琴伴奏，学生们演绎了多首中外名歌曲。下半场歌唱的伴奏由开始的钢琴改为了交响乐团，给观众带来了不一样的精彩的听觉冲击。这个交响乐团是中国音乐学院青年爱乐乐团，

是我任院长期间组建的。成员由中国音乐学院管弦系青年教师和学生组成。这个乐团曾参加过国内外多次重大专场音乐演出，屡屡获得好评。下半场的表演带有浓厚的中国风，具有强烈的民族色彩。学生们的倾情演绎不仅表现了学生们对祖国的美好祝福，更是将近30年来中国民族声乐教学成果呈现得淋漓尽致。

◁ 2009年7月11日，"向祖国汇报——金铁霖从教45周年学生音乐会"在北京人民大会堂举行

2009年7月11日，作为由中共中央宣传部、中华人民共和国文化部主办的2009年中国国际青年艺术周的一个组成部分，"向祖国汇报——金铁霖从教45周年学生音乐会"在北京人民大会堂举行。时任全国人大常委会副委员长陈至立和有关方面负责同志与几千名观众一起观看这场音乐会。宋祖英、张也、阎维文、董文华、刘斌、戴玉强、吕继宏、李丹阳、祖海等我的学生参加了演出，他们用歌声颂扬伟大的祖国，高歌我们这个时代。演出结束后，当学生们簇拥着我站在舞台上，面对着台下满堂的观众和来宾，我百感交集，只说了三句话，这三句

◁ 2008年12月8日，"桃李芬芳的季节——金铁霖学生音乐会"在北京民族文化宫举行

话是："首先，感谢党和国家对我的培养。其次，感谢学生们对我的支持与合作。第三，我要把我有限的生命投入到无限的声乐教育事业中，为我们的伟大祖国去培养更多优秀的学生。"

这三句话是我的即兴之作，但更是我的肺腑之言！

这三场音乐会，气势恢宏，场面宏大，规格颇高，我为此深受感动。这不是我金铁霖个人的荣誉，也不仅仅是对我从教45周

◁ 2008年12月，中国音乐学院举办"纪念改革开放30年——金铁霖学生音乐会"

△ 在中国音乐学院给学生讲课

年的褒奖，它实质上是党和国家对中国民族声乐这么多年发展的肯定，是对全国从事民族声乐工作的同志们的嘉勉。感谢我们这个伟大的时代，同时也要感谢我的学生们，但我更要感谢和我一样奋斗在中国民族声乐事业战线上的全国的同仁们，没有他们，就没有当今中国民族声乐事业繁荣似锦的春天；没有他们，中国声乐走向世界舞台的理想就不可能实现。

作者手记：

金铁霖可谓桃李满天下，受教于他的学生有很多，学生的感受和感恩的话也很多。下面就将我们亲自采访过的金铁霖主要学生对老师的评价陈述如下，限于篇幅，只择录他们的主要观点。

宋祖英：

我深刻体会到，金老师对民族声乐的科学体系的探索和建立，以及他对世界声乐的理解，已到达了一个刷新记录的高端，已远远地站在了前列。这么多年来，是他引领我们，引领着全体民族声乐工作者不断科学地发展前进。

作为金老师的学生，我也是金老师民族声乐教育研究的受益者。在金老师的培育下，我也随金老师的研究发展和成功而进步，这已是所有的听众、观众和同行们有目共睹的。我作为金老师的学生备感幸运！

戴玉强：

从受教于金老师至今，在他的指引下，我从一个不十分稳定的状态到一个一直处于稳定的状态，这得益于他的"大成浓缩"的教诲。

金老师的教学方法不是一种教条的方法，除了共性的教学外，他根据不同学生的不同特点，例如嗓子条件等，因人而异地加以引导。举例来说，就是金老师可以把相同的声乐知识用不同的提示、引导方法，使学生能切合自身的条件而心领神会。通常人们评判一名教书匠与教育家的区别，在于教书匠仅仅停留在传授教材，或者某某大家的知识。通俗而言，就是教材怎么说我怎么说，专家怎么说我怎么说。而教育家却能够在融合古今中外的学识后，通过自我的总结，甚至延展，形成独特的教育思想，把共性的知识应用于受教的不同个体，并且发掘他们身上的潜能，根据他们各自不同的特点而因材施教。具体

到声乐教育，就是教育家能够准确地发现每一位学生的艺术特质，把他们塑造成具独特个性和风格的成熟的歌者、演员。我想，这就是金老师之所以能培养出那么多优秀学生的原因，对此，我是深刻体会，也是终身受益的。

张也：

金老师在日常教学中一丝不苟，对学生很严。我们哪怕唱得再好，他顶多只是点点头，表示肯定；如果几经点拨，仍不开窍，他也不急躁，一直陪着你练到他满意为止；如果上课你不认真，他发现后就会马上停止上课，好半天不吭一声，只用平静、温和的目光注视着你。金老师认为学生时代是一个人事业上打基础的阶段，如果功底不厚，就算暂时能"红"也不会长久，所以他经常告诫我们，学生时期第一是学习，第二也是学习，第三还是学习，这对我一生影响很大。

王丽达：

金老师除了在专业上给了我无私的教导，他谦和的一言一行、他为人处事的宽容大度都使我受到莫大的教益。

▷ 金铁霖与学生王丽达合影

陈笠笠：

我是在金老师独特的教学方法中，不断调整和被发掘潜能而取得今天成绩的，这也应该是金老师对我深刻的影响。

常思思：

可以说，我是金老师在"一张白纸描绘的图画"，我今天在声乐演唱方面取得一定成绩，与金老师的诲人不倦的教导是分不开的。

张辛：

师恩如山，师恩似海，是金老师带领我推开了音乐殿堂的大门，为我插上理想的翅膀，我会在追逐梦想的道路上走得更远，走得更实。

2013年，金铁霖从教已整整五十周年，当我们请他就自己从教这五十年谈谈自己的心

△ 常思思独唱音乐会上，金铁霖与学生常思思合影

△ 金铁霖与学生张辛、吕宏伟

得时，他想了想，回答我们说道：

"在我自己的整个教学理念中，一是继承前人经验，向老前辈学习；二是向外国人学习，将国外先进的东西吸收过来；三是向古人学习，把中国古代优秀的思想方法总结起来；四是向同行学习，总结不同经验在相互学习中提高；五是向学生学习，学生有提高，他们的反馈对自己也是提高，令我的教学方法更加丰富多彩。

"对学生，我一贯的要求就是高调唱歌，低调做人，就是要谦虚谨慎，跟大家和气相处。你能不能唱出来，最后拼的就是修养。不管你嗓子有多好，技术有多好，舞台经验有多丰富，没有全面修养这个基础绝对不行。我这里讲的修养指的是全面素质，包括他的文化程度、音乐程度、艺术品位等，所以，我常说，要唱好歌，一定要先做好人！"

▽ 金铁霖与学生一起

△ 著名男高音歌唱家阎维文在首场"民族魂——金铁霖、马秋华学生音乐会"演唱

▷ 2004年11月13日，由广东省委宣传部主办、广东省文化厅协办，北京步涛文化交流有限公司和南方广播影视传媒集团承办的首场"民族魂——金铁霖、马秋华学生音乐会"在广州中山纪念堂隆重举行。图为演出后合影

以"弘扬爱国主义，展示民族文化，推动民族声乐"为己任的"民族魂——金铁霖、马秋华学生音乐会"由金铁霖、马秋华担任艺术总监，北京步涛文化交流有限公司精心策划并承办。自2004年11月成功举办首场音乐会以来，音乐会的足迹已遍布祖国大江南北，并深入乡村，走进学校，去过中西部地区，现已发展成为具有公认影响力、以弘扬主旋律为特色的音乐会品牌。

△ "民族魂——金铁霖、马秋华系列音乐会"之著名男高音歌唱家戴玉强独唱音乐会

▽ "民族魂"首场新闻发布会上，金铁霖（中）与马秋华（右二）、方健宏（广东省文
化厅厅长，左二）、陶白莉（晚会总导演、影视剧表演艺术家）、陈步涛等

▷ 2007年11月5日，"民族魂——金铁霖、马秋华学生音乐会"系列之著名男高音歌
唱家吕继宏独唱音乐会，金铁霖与其学生吕继宏合影

第八章

【人生乐从七十始】

1. 病榻上的思考

2010年4月，我经历了一场生死搏击，在生死边缘走了一遭。也许是孔夫子，也许是阿波罗（西方乐神），他们看我在人间还没有将应该做的事情做完，又将我退还了人间。

记得那是4月6日下午，我已经约好了吕宏伟来上课。中午休息后，我突然觉得心脏不舒服，有刺痛的感觉。虽然平时也有心脏不舒服的时候，但像这一次的感觉以前还是没有过的。想到下午还有课，我就想自己简单地处理一下。吃了硝酸甘油后，觉得没有什么明显效果，心脏部位还是闷痛。我自己觉得不是太好，原想打电话给马秋华让她陪我去医院，但想到她下午还有节目录制，我就自己一个人慢慢地到学院附近的解放军306医院求诊。平时也就10来分钟的路程，我那天差不多走了一个小时。到了解放军306医院门口，我实在支撑不住了，就坐在医院门口给吕宏伟打电话，告诉他下午课程改期。吕宏伟听出了我的不对，得知我在解放军306医院门口，马上飞车赶到。当我看到吕宏伟时，我已经无法自己走到急诊室了，至于那以后的事我什么都不知道了。

事后，我才得知那天抢救过程的"惊心动魄"，才知道自己真的在鬼门关口走了一回。当吕宏伟赶到即奔门诊找医生、医院救护人员推车来到我身边时，也就是两分多钟的时间，那时我已经陷入了深度昏迷。在我被推进手术室后，心脏还曾一度停止了跳动。解放军306医

△ "5·12" 汶川地震发生后，金铁霖与学生赴灾区参加慈善公益演出

△ 2010年8月1日至6日，第29届世界音乐教育大会在北京举行，金铁霖担任本次大会组委会主席。图为在会上发言。这也是大病后他第一次参加公开活动

院医生随即进行了紧急救治，吕宏伟也在第一时间给宋祖英、董华、王士魁等学生打电话。彭丽媛也很快得知了相关情况。同时中国音乐学院院领导得知我病危的消息，他们都在第一时间赶来了医院。不久，解放军301医院的两位心脏科专家打来电话并与解放军306医院医生商讨抢救方案，同时告知他们在前来解放军306医院途中。在马秋华等亲属无法及时赶到的情况下，学院领导毅然在手术单上签字同意给我做手术。在解放军301医院专家和解放军306医院医生共同协作下，

经过近三四个小时的手术，搭了两次心脏支架（第一次支架未起作用），我才得以从死神手上逃离。听学生们说，做完手术后，医生们浑身上下都湿透了。

抢救的当天，有不少学生像阎维文、宋祖英、戴玉强、吕薇、李丹阳、李晖等当晚都赶到医院探视，更有全国各地学生在我住院期间前来探视。彭丽媛在来看我时对我说，金老师您一定要好好养病，保重身体。

当我完全清醒时，我第一个感觉就是好像自己仅仅睡了一个好觉。早春北京的阳光透过窗户照在我的病床上，暖暖地催人入眠，好久都没有如此舒坦的睡眠了。当我睁开眼睛，看到自己躺在病床上，我才隐隐约约地记起那天发病时的情景。我庆幸我闯过了这道生死关，庆幸自己还能继续为中国民族声乐事业再做些工作。

那段时间，恰逢全国青年歌手大奖赛正在举行，我清醒后第一句话就是问参赛的学生们表现怎么样，有没有谁发挥失常。这不是矫情，更不是想表现什么，这就是我清醒后的真实想法。也许是多年的思维习惯使然，但我清醒后和马秋华所谈的第一件事就是学生，就是教学。

之后的一段日子，因需要安心休养，医生不同意我看全国青年歌手大奖赛的电视转播，我只得每天让马老师将青歌赛的情况向我做口头描述，而我也情不自禁地要和马老师探讨一番选手的演唱情况，分析一番演唱者各自演唱特点。因时间过长，每每都遭到护士的批评和阻止，而我对此却乐此不疲，非常开心。还是马老师知道我，她对护

土们说，她和我谈的这些都是治疗"良药"，教学和学生是我最开心的"心药"，它有助于我身体的恢复。

在解放军301医院（手术后不久我即被转院到解放军301医院）住院的4个月里，我想了很多很多，从人生到工作，从亲人到生活，从生的意义到死的价值，但我想得最多的还是中国民族声乐事业，想到了她的过去、现在，特别是未来的发展。我认为中国声乐时代已经来临，现在是我们大力宣传和推介中国声乐事业的时候了。

中国民族声乐艺术与传统声乐文化是一脉相承的，它是20世纪40年代从戏曲、曲艺和民歌等中国传统民族声乐基础上发展而来的。与西方声乐几百年发展历史相比，中国民族声乐发展历史不过几十年，但我们所取得的成就却令人瞩目。中国民族声乐扎根于民族沃土，特色鲜明，演唱内容贴近时代、贴近群众生活，因而深得人民喜爱，涌现了许多为几代人所传唱的经典歌曲以及一批为人民所喜爱的著名歌

▷ 2010年8月1日至6日，第29届世界音乐教育大会在中国举行，身为组委会主席的金铁霖与国际音乐教育学会主席Hakan在欢迎来宾

唱家，如：王昆、郭兰英、才旦卓玛、王玉珍、郭松、黄虹、胡松华、吴雁泽、德德玛、彭丽媛、宋祖英等，带动了中国民族声乐的发展和提高。

近30年，中国民族声乐进入了一个发展的高峰期，呈现出一片繁荣的景象，民族声乐在国家政治文化生活中的重要性日趋明显。每年央视和地方电视台的春晚，各种民俗节日庆典，以及奥运会的开、闭幕式等大型活动，民族声乐演唱形式都是不可或缺的一部分。我们培养的歌唱家唱响了时代主旋律，用极富感染力的歌声弘扬民族精神，反映人民的心声，诠释文化的先进性，在改革开放的中国产生了巨大的反响，对于凝聚党心、民心产生了积极而又深远的影响。

表现在民族声乐舞台上，一是人才辈出，

▷ 在中央电视台"新视听"音乐会上，金铁霖与学生们合影

日月潭

二是演唱的水平获得了质的飞跃，达到了一定的高度，第三就是演唱者在演唱上形成了一定的特色，有了一些共性的东西，如：音色自然统一、音域宽广、声音运用灵活、音量大、歌唱寿命较长、歌唱能力强、语言清晰等等。我们民族声乐研究领域队伍正在不断壮大，交流活动日益频繁。近10年来，多位歌唱家还把我们的民族声乐推向了世界舞台。如彭丽媛、宋祖英等等，他们被誉为中国民族声乐海外的传播者。事实证明，中国民族声乐事业成果是丰硕的，方向是正确的，道路是科学的。

真理的探索无止境。在培养各类声乐人才的过程中，不断学习、总结、探索、研究是不可少的。就拿科学性来说，一个歌唱家如果没有科学的演唱技巧，那么他的艺术生命将会是短暂的。而所谓的科学性，就是演唱的共性特征，不论中外。我一直喜用"大马路、小汽车"来比喻歌唱"通道"与"支点"的关系。不管是什么车，都要在一条马路上开，马路修好了，畅通了，那么什么牌子的汽车都是可以跑起来的。无论哪种唱法都要在科学性的基础上来体现，包括美声、民族、通俗，也包括戏曲、曲艺和原生态民歌。如果因为不懂得声乐艺术内在规律，极力倡导个性，抹杀共性，其实是很不正确的，也不会长久，到头来也就不可能有什么个性了。

所以，众所周知的事实就是《小二黑结婚》如果用美声状态去

◁ 2006年2月，首次访问台湾，受到台湾同胞的欢迎。作为中华音乐文化一个重要组成部分的台湾音乐，金铁霖一直希望将他所创的民族声乐教学体系融入台湾民歌文化中，帮助台湾民歌唱出自己的风情，登上世界舞台。这是金铁霖在台湾日月潭的留影

△ 金铁霖给学生孙秀苇授课。孙秀苇是至今仍活跃在欧洲歌剧舞台上的唯一华裔女
高音。在欧美歌剧界享有极高声誉，曾为教皇约翰·保罗二世演唱，被誉为"世
界上最完美的蝴蝶夫人"（普契尼意大利歌剧《蝴蝶夫人》女主角）

◁ 金铁霖与学生王
绍玫合影

唱，中国老百姓会笑的。同样，《黄河怨》也不可能用民族声乐的声音去唱，那样大家也不会接受。我们讲的科学性只有一个，外国人能用，中国人也能用；传统的能用，现代的也能用。民族声乐的科学方法发展的是中国音乐，是以我为主，不断创新，使自己的方法成为世界上最科学的训练方法之一。所以，戴玉强原来也是学民族的，后也改学美声，现被称为世界第四大男高音，但他也唱民族歌曲。

在新时期的教学体系指导下，更多的歌唱新秀层出不穷，一大批声乐学习者不由自主地模仿、跟进，由此形成一股民族声乐学习的热潮。这样所谓唱法的"雷同性、都一样"问题就摆在了我们面前，成了我们抹杀个性和原生态唱法的"罪证"。我是这样看这个问题的，从词面上看好像这是在谈唱法，其实我觉得它首先和作品有关，唱法是为作品服务的，作品风格多样化决定演唱风格的多样化，大家都唱一样的作品，所以感觉唱法也很像。因此，我希望能够出现更多高质量、风格鲜明的作品，使我们的演唱风格更加多样化。其次加强科研探索，如：加强对"中低声部民族化"、"字声协调"等声部发展不平衡、腔圆字正体现中国语言美感等问题的研究，提高教师教学能力，促进人才的全面培养。

因此，我认为中国民族声乐事业发展已到了要高扬中国

△ 2013年3月18日，中国人民大学金铁霖声乐艺术研究院正式成立。揭牌仪式暨音乐会当晚在中国人民大学明德堂举行。教育部副部长郝平（左二）、中国人民大学校长陈雨露（右一）和金铁霖教授共同为研究院揭牌

声乐学派旗帜，走向世界舞台的历史时期。民族声乐就目前的发展来看，整体状况比较好，观众对具有科学性、民族性、艺术性、时代性的民族声乐反应良好，也都比较认可和喜欢。我们走的声乐道路适应面很广，既能唱外国作品又能唱中国作品，还能唱传统民歌、艺术歌曲、音乐剧选段以及流行歌曲等，中国民族声乐实际上已向新的阶段发展，我本人认为这个阶段应该叫中国声乐艺术阶段。

有人可能会问"中国声乐"艺术阶段与"民族声乐"有什么区

别？我的看法是这样的：中国幅员辽阔，民族多，地域广，声乐艺术种类丰富，涵盖多个民族、不同地域、多种风格的声乐形式，在演唱方式上也丰富多样，包含戏曲、曲艺、民族、原生态、美声、流行以及音乐剧等多种演唱形式。而现阶段，"民族声乐"这个词在大家心目中印象比较深的主要是汉族民歌，很少包含少数民族的歌曲。但是我们有五十六个民族，汉族民歌只是中国民族声乐的一隅，"民族声乐"这个词有了特指后，这个概念在大家的心目中就变成了狭义的民族声乐，不能完全涵盖中国民族声乐的多样性和丰富性，因此要有一个具有包容性更强的命名来概括我们的声乐艺术形式，我本人认为"中国声乐"这个命名具有更强的包容性，相对于我国当前的声乐形式而言更科学、更恰当。

简单地说，"中国声乐"就是指整个中华民族声乐形式的一种体现，它涵盖多个民族、不同地域、多种风格以及不同类型的演唱形式，如美声、民族、原生态、戏曲、曲艺、通俗以及音乐剧等，也就是要体现中国声乐的多种演唱风格的一个总称。

新时期，我们不仅要"振兴中国声乐艺术，构建中国特色声乐学派"，而且要"百花齐放、百家争鸣"，最终要在科学发展道路上奋力开创中国声乐艺术发展的新局面，"走向世界，唱响国际舞台"。

为此，我认为中国声乐艺术要在以下三个方面下工夫。第一，要注意美声唱法民族化，就是说，美声唱法的演唱应该面向中国老百姓，让中国人喜欢。现在美声唱法多唱外国歌，老百姓听不懂，也不喜欢。所以，如果不是为了到国外去比赛，而是在中国演唱，我们就

应该走民族化的道路，与中国观众拉近距离，在语言、风格上向老百姓靠拢，让老百姓能听懂，让他们喜欢听。第二，要注意民族唱法科学化，就是说要注意科学性的训练。就歌唱而言，唱法是为作品服务的，唱法只是工具。科学性是一样的，作品不一样，演唱的方法就有所区别。不同唱法都可体现鲜明的民族性，也都是民族的，语言都很好，风格也很棒，体现了不同的色彩，不同的个性，但是都要科学。第三，要注意时代流行唱法艺术化。时代流行唱法艺术化，就是说流行歌曲要注意提高艺术性，给观众以美的享受。在这个阶段，大家都要提高，走到创造中国声乐辉煌的同一条道路上来。

中国声乐的特色体现，表现在音色方面，就是"中国特色的音色"。这种音色应该是混声中有真声的色彩，比较明亮，同时又很通畅，上下衔接统一。比如《白毛女》、《恨似高山愁似海》、《永远的花样年华》这一类的歌曲，特别要求明亮的色彩，否则大家听起来就会觉得缺点什么，或者很别扭。这代表着我们中华民族在声音审美上的偏爱，作为我们培养人才必须要考虑到这些因素。其次，在体现我们的声乐特色上，要继承、借鉴戏曲表演方式，丰富民族声乐的舞台表演，展现民族声乐特有的舞台魅力。中国人民的传统审美需求是不仅要听，而且要看，因此，舞台表演是民族声乐演唱形式需要不断探索、完善的课题。

要使中国声乐立起来，我们还要在创作领域下苦工夫。目前我们的创作还存在一些问题，具体表现为作品风格、类型相对单一，不够丰富，比如中国传统歌剧，都是高音唱段，中低声部的唱段很少，而

艺术歌曲、创作歌曲中相对应的作品更是寥寥无几。目前，国内上演的传统歌剧和中国特色的新歌剧创作也是屈指可数，国家大剧院上演的歌剧以西洋歌剧为主，而观众及影响都不容乐观，究其原因，主要是因为中西文化差异，西洋歌剧在中国缺乏群众基础，与中国观众的审美需求距离甚远。所以，我们声乐界要与创作领域加强交流和沟通，促进创作的大繁荣、大发展，从而将中国最优秀的声乐艺术以舞台演出的形式呈献给大家，走向国际舞台，推广中国音乐，传承民族音乐文化，使我们民歌、我们的歌剧能够在世界舞台上传唱。

中国声乐今天的繁荣，凝聚了前辈、专家同仁的智慧、辛劳与汗水。在继承传统的基础上探索创新，超越自我，攀登高峰，担当起弘扬中华民族优秀文化的历史重任，为实现中华民族文化的伟大复兴而贡献才智，这是我们中国声乐人的使命，也是责任，更是光荣！

作者手记：

金铁霖眼中的中国声乐体系既是民族的，也是科学的。如今，金铁霖所提倡和构建的中国声乐体系正逐步地成为现实。

2013年3月18日，中国人民大学金铁霖中国声乐艺术研究院正式成立，教育部副部长郝平、北京市委教育工委常务副书记刘建、中国人民大学校长陈雨露和金铁霖教授共同为研究院揭牌。金铁霖中国声乐艺术研究院以中国声乐艺术国家

级研究中心为定位，以金铁霖为学术带头人，全面开展理论研究、人才培养、艺术创作和交流演出，以促进中国声乐学派的建立、发展，推动中国声乐艺术走向世界。

4月2日，中国音乐学院"金铁霖中国民族声乐艺术中心"更名为"金铁霖中国声乐教研中心"揭牌仪式在中国音乐学院隆重举行，院党委书记闫拓时、院长赵塔里木等学院领导及相关职能部门领导、教师出席了揭牌仪式。中心将发展成为专门从事声乐教学、研究、技术创新和学术推广的基地，以推动中国声乐艺术走向世界。

金铁霖对中国声乐这一中国音乐人多年的梦想成为现实感到由衷的欣慰："我是在2011年第五届全国民族声乐论坛上提出了'中国声乐'这个概念的。多年以来，我一直有一个梦想，这个梦想就是'中国声乐梦'，要构建中国声乐学派，把中国声乐发展壮大，走向世界舞台，在世界舞台上独树一帜。从'民族声乐'到'中国声乐'的发展历程，其实就是构建中国声乐学派的过程。现在，随着世界文化多样化的持续推进，中国进入了文化大发展大繁荣的历史阶段，我越发感到肩上的担子更加沉重了。要实现'中国声乐梦'，使中国声乐真正伫立在世界舞台上，任重而道远，需要大家团结一致，共同努力。"

中国人民大学金铁霖中国声乐艺术研究院和中国音乐学院金铁霖中国声乐教研中心相继设立标志着中国声乐时代的

到来，意义重大！正如中国音乐学院党委书记阎拓时同志所评述的那样，中国声乐是"合大势"之举，合了我们中国文化要走向世界的大势；中国声乐要通过走向世界，让世界从深度和广度上了解我们中国人当下的生活状态和对世界的贡献，这也是我们践行习近平总书记提出的"中国梦"的一个重要内容。不久的将来，中国声乐必然会在世界舞台上大放光彩，中国声乐学派必然会与世界其他主流音乐学派一道，为人类的艺术事业发展，为人类的和平作出中国人应有的贡献。"士不可以不弘毅，任重而道远。"金铁霖以《论语》的教诲与中国声乐事业同道们共勉。

△ 金铁霖与本传作者陈步涛、李民牛合影

2. 我的家人

　　我的夫人马秋华教授与我是同行，也是从事民族声乐教学与研究的。自结婚以来，我们志同道合，相濡以沫，相互扶持，在各自的岗位上为中国民族声乐事业添砖加瓦，贡献了自己一份力量。

　　马秋华1977年考入南京艺术学院音乐系学习声乐，1982年毕业留校任教。她是我国老一辈著名声乐教育家黄友葵教授的关门弟子并长期担任其助手。她也曾是中国声乐界最年轻的女教授，现在是中国音乐学院声歌系主任、教授、博士生导师。

　　我和马秋华是1988年在湖南举办的一次音乐比赛期间认识的，当时她是随黄友葵教授去的。那次比赛规模挺大，音乐界的权威都去了，80多岁的黄友葵是评委，我老师沈湘也是评委，我也应邀担任了评委，并且是评委里最年轻的一位。因为一心扑在工作上，我那时单身已快八年了。当时有不少同志都挺关心我，劝我早点成家，找个人以便互相有

　　▷1991年3月，金铁霖、马秋华夫妇婚后不久的二人合影

个照应。也有不少同志给我介绍过对象，但我却找不到感觉，一直到遇到马秋华。

在那次比赛期间，我总是"心不在焉"，总想找机会去接触了解马秋华。也许是我太老实了，也许是我太"情不自禁"了，连黄友葵老太太都看出了我的"企图"。当我再一次敲开老太太门时，她笑着"责怪"道："铁霖啊，你哪是来看我嘛，你就是借来看我，其实来看秋华的啊！"

那次会后，我们两人便有了通信。也许是志同道合，也许就是缘分使然，当然也有至友亲朋在其中极力撮合的作用，包括沈湘先生挺希望我们两个好，不久我们终于恋爱了。可那时马秋华对是否离开她的导师黄友葵教授还是犹豫不决。因为马秋华毕竟追随黄老13年，而且黄老只有她一个学生留在身边，黄友葵教授也一直培养她来继承自己的学术衣钵。可马秋华为了我最终选择来到了北京，进了全军最高艺术学府——解放军艺术学院并担任声乐系教授。1990年，经过两年多的相处，我们在亲朋好友的祝福声中结婚成家。

当时的马秋华，不论工作经历还是专业能力都已经非常出色。作为黄友葵教授的高足和助手，马秋华业务能力不言而喻。可是调入北京、嫁给我之后，在相当一段时间里，她完全将自己献给了家、献给

◁ 金铁霖怀抱周岁的儿子金圣权

257

了孩子、献给了我和学生们。直到孩子长大了一些，可以不必天天缠着母亲了，她才又拿起专业，和我一道投身到中国民族声乐教学和研究中去。

马秋华是个好学和聪明之人，她的悟性极高，领悟力也相当强，同时又具有相当深厚的理论功底。我们结婚后，她在照顾家庭的同时，也经常和我在家里探讨学术问题，对我提出的某些教学思想深为理解和赞同，也不时提出她自己的看法和观点。可以说，她对完善和丰富中国民族声乐教学体系贡献良多。从1982年开始从事声乐教学和研究工作至今，马秋华教授教出的学生有近百名在国际、国内声乐比赛中获奖，其中不少人成为观众喜爱的歌唱家和歌星，当中就有我们夫妇共同培养的学生，如戴玉强、吕薇、王丽达等。马秋华教授在教学上横贯美声、民族、流行三种唱法，而且取得了丰硕的成果，像民族阵营的吕薇、索朗旺姆、王丽达、萨仁呼、刘一祯、韩延文、乔军、王庆爽、陈阳等，美声阵营的戴玉强、王莹、王莉、薛皓垠、钟丽燕等，流行阵营的白雪、阿鲁阿卓、曹芙嘉、姚贝娜、张迈、汤子星、汤非、孙洁等，这在中国音乐教育界是少有的。她总结发表的一系列论文和教学带，创新了音乐表演艺术的多种表现形式，是对中国民族声乐教学体系的补充和发展，是对中国声乐建设的贡献。2009年她调入中国音乐学院，不久就任职声歌系主任。在这个重要的岗位上，相信她会勤勉有加，为中国民族声乐事业的发展、为中国声乐学派建设再立新功。

◁ 一家乐融融

△ 金圣权与父母在东莞庆祝建党90周年"民族魂——金铁霖、马秋华学生音乐会"现场
▷ 2011年6月，金圣权参加东莞庆祝建党90周年"民族魂——金铁霖、马秋华学生音乐会"

1993年，我们的孩子来到了这个世界，我的欢喜是无法用言语表达的。孩子自小多由他母亲照顾，上学后也多是他母亲管教他。也许是有些遗传因素，孩子自小在声乐方面就有一定的天赋，8岁时就为电视剧《永远的爱》演唱主题曲，后来还为大型动画片《水浒》演唱了主题曲《英雄歌》。但他真正开始喜欢声乐，并希望我们支持他将声乐作为他今后所学还是他高中以后的事。我和他妈妈当然支持他的选择，不仅我和他妈妈事业后继有人，而且我们家又为中国声乐事业

▷ 金铁霖为儿子金圣权正衣冠

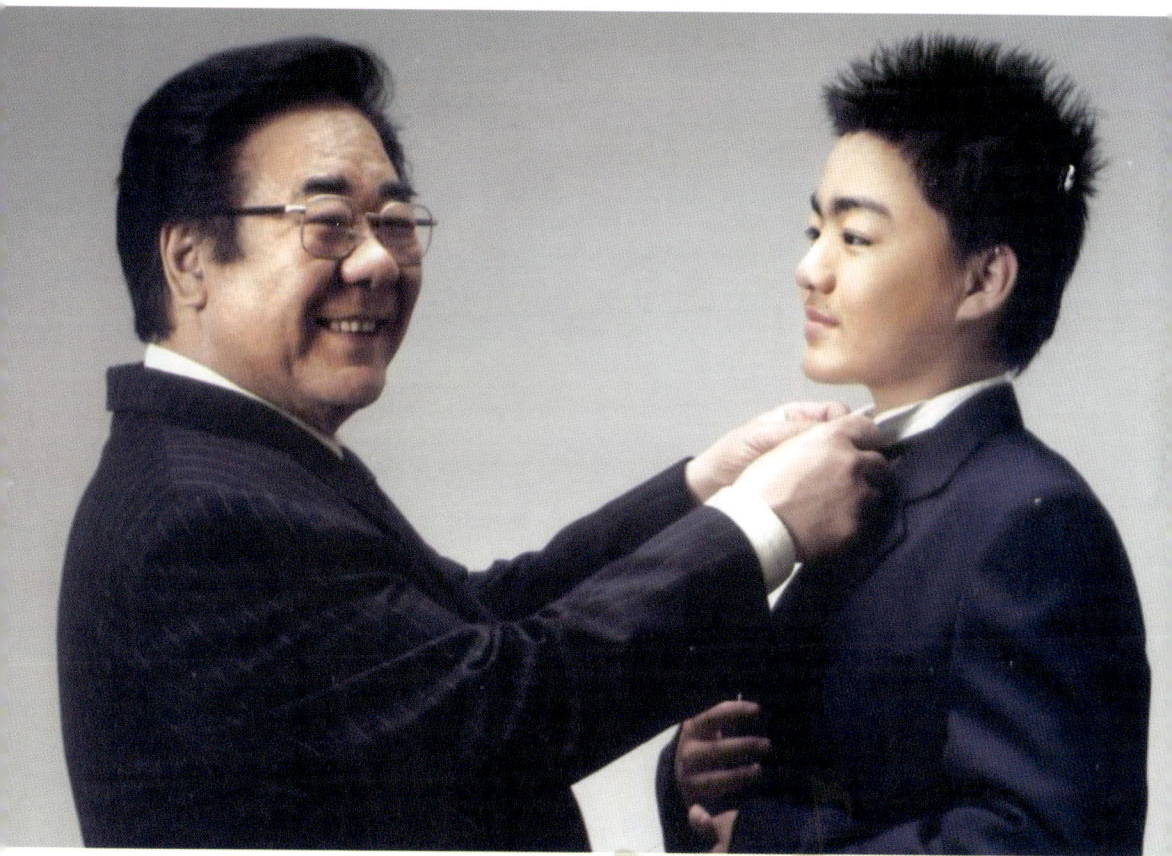

△ 2007年，"民族魂"音乐会上，金铁霖、马秋华夫妇感谢学生们的精彩演出

贡献了一个新兵。2011年，孩子不负我们所望，他以优异的成绩被中国音乐学院声歌系录取，成为了一名音乐学院大学生。希望他好好学习，不辜负我和他妈妈对他的期望，为中国声乐事业美好明天作出他自己的贡献。

▽　中央人民广播电台在举办的第三届"中国民歌榜'听众喜爱的歌手'"揭晓盛典
上，向金铁霖颁发了首位"终身成就奖"

△ 2011年6月，"民族魂——金铁霖·马秋华学生音乐会"活动之"紫荆"《金铁霖画传》首发式现场

马秋华教授在中国声乐教育界也是赫赫有名的，在我们的访谈中，她更多地是从声乐教学事业及金铁霖声乐教学体系方面来谈金铁霖，从而让我们从另外一个侧面看到了马秋华教授的风采，看到了作为中国著名声乐教育家、中国音乐学院声歌系主任、博导、教授马秋华的专业、严谨和科学的学术作风。下面录其主要观点，以飨诸位读者。

如果仅作为金铁霖的妻子，我无法也不合适对他的研究做出评价。而我现在是作为同行，作为一名多年从事声乐艺术研究和教育的工作者谈谈看法。

首先，我们必须看到，金铁霖经过长时间的探索和实践，总结了包括中国民歌、戏剧、戏曲，以及前面几代艺术家的中国民族文化艺

△ 金铁霖一家与两个妹妹的大家庭合影

术成果，结合他自己对西方音乐的了解及其精粹的运用，融会贯通地在探索和实践中形成一套独特的教学方法并使之形成一套行之有效的民族声乐教学体系，他也因此为我们的民族声乐教育和民族声乐走向世界做出了贡献。

金铁霖在声乐教育方面的成就，如果从改革开放后来算的话，可划分三个十年阶段。在第一个十年（20世纪80年代），他是默默研究和进行教学的实践（当然在这之前，他已进行了多年的教学探索和研究）；中间的十年（20世纪90年代），他通过已成雏形的教学程式，培养了一批活跃于神州舞台的歌唱家，这批歌唱家得到了全国人民的认同和喜

爱；近十多年（21世纪即2000年后至今），他把前二十年乃至可以上溯到从1963年以来的研究和实践进行了全面的总结，形成了一套声乐教育的科学体系，并且应用于全国高等院校的民族声乐教育，现在基本上都是以其"科学性、民族性、艺术性和时代性"作为把握民族声乐教育方向。

第二，民族声乐教学也存在着科学性和个性化的问题。从教学实践来看，在教授基本发声方法时候，大家可能都差不多，这其实是共性的，因为学生只有在掌握科学的共性的前提下，才有可能释放个性。到了一个较高的境界的时候，对不同作品的演绎就会产生糅合老师引导、学生自我理解等诸多元素的个性演唱。共性只是基础，个性是不可或缺的，必然的。所以说，共性的科学发声之于每一位演唱者都应该产生个性的延展和发挥，我们在共性的科学体系下学习，并非要桎梏其中，而是应该发展和创新，在继承前辈，包括金铁霖宝贵的教学经验和理论基础上，进一步发展和完善我们的声乐教学体系。

第三，金铁霖培养了大批成功的优秀学生，但他却从来未因此停歇对民族声乐的继续探索和研究。最近几年，金铁霖提出了建设中国声乐学派并在理论上对此进行了全面阐释，其背景就是在当今文化发展跨界、多元化时期，中国民族声乐教学在形成体系后还得要发展、壮大。现在虽然可以说中国民族声乐解决了科学的演唱并与国际接轨，民族声乐

的科学性在全国已成为了共识，但人们理解的民族声乐基本仅是汉族的，而实际上中国声乐应包括中国所有56个民族，只是各民族的风格、语言、曲调不同。金铁霖一直都想让世界了解中国声乐，他还想将来举办一个中国国际声乐比赛，想中国56个民族歌唱家们既可以唱民族，也可以唱美声。我一直强调中国美声应该走出一条具有国际通行标准又具有中国民族韵味的美声之路，并且还要深受中国大众喜爱，这才是中国美声演唱应该走的路。外国的东西只能是借鉴，毕竟它不能完全符合中国的文化和审美。在中国民族声乐发展的新时期，我们提出中国声乐，主要是一个思想导向，就是让后代中国歌唱家们唱中国歌曲（包括少数民族歌曲）时具有国际通行标准，并且具有民族风格、民族气质和民族神韵，简单地说就是他们一张嘴唱的就是与世界接轨的中国民歌。而实现这一目标的基础已经存在，那就是金铁霖为之奋斗了几十年所构建的声乐教学科学体系。

　　科学性是相通的，在科学性的科学演唱前提下，体现中国多元的不同风格的个性。中国声乐不管哪种唱法，美声、民族、流行都得加强民族性。文化大发展、大繁荣就是要把中国的文化辐射到世界去，让中国老百姓都热爱、喜欢中国的声乐艺术。中国声乐发展需要铺路石，我们责无旁贷。

附录：

1. 金铁霖大事年表（含著作、讲座、获奖）

1940年

6月21日，出生于黑龙江省哈尔滨市的一个医生世家。

1957年

考入哈尔滨市第十二中学就读高中。

1960年

8月，以优异的成绩考入了中央音乐学院，师从沈湘教授学习声乐。

1963年

9月，读本科三年级时所教第一位学生张琦考上中央音乐学院。

1965年

7月，以优异成绩毕业，分配到中央乐团担任独唱演员兼任乐团男高音声部的声部长。

1967年

7月起，应邀到湖南、广西、云南、山东、上海、杭州、天津等各大院团讲学百余次。

1975年

为电影《黄河少年》录制插曲《黄河儿女心向党》。

1980年

4月，应邀赴无锡进行为期两个月的讲学。

10月，应邀赴长治讲学。

1981年

9月，中国音乐学院恢复建院，应时任院长李凌邀请到中国音乐学院任教。

1982年

7月，应邀赴哈尔滨歌剧院讲学。

1983年

6月，应邀赴长春歌舞团讲学。

9月，应邀赴青岛讲学。

10月，应邀赴西安音乐学院讲学。

12月，应邀赴哈尔滨（哈尔滨群众艺术馆主办）讲学。

1984年

1月，应邀赴自贡讲学。

3月，应邀赴长沙市歌舞团讲学。

5月，应邀赴汕头鮀岛音乐学院讲学。

8月，应邀赴广西艺术学院讲学。

12月，应邀赴重庆、成都讲学。

1985年

应邀赴天津（由市群众艺术馆主办）讲学。

获部级"尖子演员"称号。

担任中国音乐学院声乐系副主任。

1月，应邀赴石家庄艺术学院讲学（为期一年）。

12月，发表《少数民族声乐的希望》载于《北京日报》。

1986年

1月，发表《浅谈民族声乐教学》载于《中国音乐报》。

2月，应邀赴杭州做声乐辅导。

2月，应邀赴杭州举办声乐讲座。

3月，发表《谈民族声乐教学》载于《中国音乐报》。

3月，担任第二届全国青年歌手电视大奖赛评委。

4月，应邀赴太原星海音乐学校讲学。

7月，发表《园丁会聚一堂，共育民族之花》载于《北京音乐报》。

7月，发表《建议设评委奖》载于《中国电视报》。

10月，发表《声乐训练中的辩证关系》载于《人民音乐》。

12月，发表《听民族之声音乐会的联想》载于《北京音乐报》。

12月，发表《辛勤的耕耘 丰硕的成果》载于《北京音乐报》。

应邀赴南京讲学。

学生鞠敬伟在全国青年歌手大赛中获奖，并获"金孔雀"杯金奖。

1987年

1月，应邀赴上海民族乐团讲学。

4月，发表《声乐教学一席谈》载于《齐鲁艺苑》。

5月3日，作词作曲的歌曲《中年》在《北京日报》发表（这首歌于1995年录制，现收录于中国音乐学院建院四十周年院庆声乐专辑中）。

7月，应邀赴广西艺术学院讲学。

11月，应邀到北京社会音乐学院讲学。

11月，担任全国第二届少数民族青年声乐比赛评委。

1987年至1988年间，发表《浅谈我的声乐训练方法》系列文章共计十篇，载于《歌曲》。

1988年

1月，发表《欣慰与慨叹》载于《艺术教育》。

1月，应广西文化厅邀请赴广西讲学。

1月，应邀赴广西戏曲学校讲学。

4月，应邀到北京教育学院讲学。

教学磁带《中国民族声乐学习与训练》（论文35000字和3盘教学磁带）由黄河音像出版社出版。

学生阎维文在全国青年电视歌手大赛中，获专业组民族唱法第一名。

8月，应邀赴山东艺术学院讲学。

9月，被评为北京市高教系统"教书育人、服务育人"先进工作者。

10月，担任由中国音乐家协会和湖南音乐家协会共同举办的"金龙杯"青年歌手大赛评委。

1989年

2月，担任第三届全国电视文艺"星光奖"评委。

3月，被聘为中国少数民族声乐学会副会长。

5月，应邀赴杭州讲学。

7月，应邀到北京广播学院讲学。

11月，民族声乐教学获国家级优秀教学成果奖。

12月，发表《继承发展民族声乐传统　振兴民族声乐事业》载于《中国音乐报》。

1990年

3月，应邀赴华南师范大学讲学。

4月，担任第四届全国电视文艺"星光奖"评委。

5月，获中国少数民族声乐学会贡献奖。

6月，担任第四届全国青年歌手电视大奖赛评委。

6月，发表《从彭丽媛音乐会谈起》，载于《解放军报》。

7月，培养了我国第一位民族声乐硕士生彭丽媛。

12月，应邀赴广州星海音乐学院讲学。

1991年

4月，担任第五届全国电视文艺"星光奖"评委。

7月，开始享受国务院颁发政府特殊津贴。

8月，应邀赴黑龙江省歌舞团讲学。

1991年12月至1992年5月，发表《只有民族的，才是世界的》、《"声"科学的演唱方法和声乐技巧》等漫谈民族声乐之系列文章共计二十一篇，载于《音乐周报》。

1992年

1月，应邀赴连云港讲学。

3月，应邀赴杭州讲学。

3月，被聘为第二炮兵政治部文工团艺术顾问。

4月，担任第五届全国青年歌手电视大奖赛评委。

6月，发表《声乐比赛得失谈》于《人民日报》。

10月，应长沙市音协之邀赴长沙讲学。

11月，应邀赴南京艺术学校讲学。

12月，担任全国少数民族声乐大赛评委。

1993年

3月，应邀赴天津音乐学院讲学。

6月，应邀到中央民族大学讲学。

6月，参加彭丽媛新加坡个人独唱音乐会。

7月，应邀赴舟山讲学。

8月，被聘为福建省闽台音乐交流中心顾问。

10月，被中央民族学院聘为特聘教授。

赴香港参加"中国声乐艺术发展方向"研讨会。

12月，应邀赴福州讲学。

1994年

3月，担任广西国际民歌节中国民歌大赛评委。

5月，发表《中国民族声乐教学探索》载于《全国民族声乐艺术研讨会论文集》。

6月，担任国家教委艺术教育委员会第三届委员会委员。

12月，应邀赴云南聂耳音乐学校讲学。

12月，参加全国民族声乐艺术研讨会并讲学。

1994年起，历任第五届、第六届中国音乐家协会副主席。

1995年

3月，接受中央电视台《东方之子》节目专题采访介绍。

3月，担任第二届中国民歌大赛评委。

4月，应邀赴河南大学音乐系讲学。

参加《95之夏》金铁霖教授昆明声乐教学周座谈会。

7月，担任文化部直属艺术表演团体艺术专业人员应聘考评委员。

8月，应邀赴井冈山市讲学，来自江西、浙江、福建、广东、湖南等省的70多名学员参加了培训。

12月，担任第五届全国群星奖评委。

1996年

1月，被河南大学聘为兼职教授。

4月，担任广西民歌大赛评委会主任。

4月，被文化部任命为中国音乐学院院长。

5月，担任上下集电视剧《金唢呐》艺术顾问。

7月，担任全国声乐比赛评选委员会委员。

1997年

被国家人事部评选为"优秀中青年专家"。

4月，担任中国少数民族艺术孔雀奖声乐大赛评委。

10月，担任北京市高校高级职称（教授、副教授）评审委员会答辩评议评委。

1998年

1998年起，担任第九届、第十届、第十一届全国政协委员；历任中国文学艺术界联合会第六届、第七届全委会委员。

2月，担任文化部第二届直属艺术表演团体艺术专业人员应聘资格考评委员会委员。

3月，被文化部聘请为"中国民族声乐、民族器乐优秀青年演员研究班导师"，执教文化部主办的"优秀青年演员研究生班"，培养出的学生有：宋祖英、董文华、阎维文、刘辉、刘玉婉、孙丽英、李丹阳、韩延文、刘斌、吕继宏、雷岩、谢琳、陈俊华、黄霞芬、袁晓红、牟玄甫等。

7月，担任第八届全国青年歌手电视大奖赛评委。

8月，被文化部聘为全国声乐新人新作评委。

9月，荣获"全国模范教师"称号。

12月，担任中央电视台电视演艺中心第一期青年歌手高级培训班主讲教授。

1999年

1月，应邀赴广州星海音乐学院讲学。

2月，发表《音乐扎根于民族沃土》，载于《中国消费者报》。

5月，担任全国大学生艺术节评委。

8月，担任文化部第三届直属艺术表演团体艺术专业人员应聘资格考评委员会副主任委员。

9月，获文化部颁发的"区永熙优秀音乐教育奖"。

11月，担任第九届孔雀杯少数民族声乐大赛评委。

2000年

7月，担任第九届全国青年歌手电视大奖赛评委。

8月，担任全国艺术歌曲比赛评委。

12月，担任文化部艺术系列专业高级职称评审委员会委员。

2001年

2月，应邀赴南京艺术学校讲学。

3月，担任电视连续剧《素女的故事》艺术顾问。

5月，担任第八届"五个一工程"歌曲评选会委员。

8月，被东北师范大学聘为客座教授。

9月，担任第二届全国少数民族文艺汇演评委。

11月，担任第十一届孔雀奖少数民族声乐大赛评委。

11月，担任"金号奖"——全国听众喜爱的歌手评选活动现场决赛评委。

2002年

1月，担任中国唱片金碟奖评委会副主任。

2月24日，中国艺术家庆祝中泰建交27周年音乐会在泰国举行，率团赴泰国演出。

4月，担任中国武装警察部队政治部文工团艺术顾问。

5月，获"首都文明市民公益大使"称号。

5月，担任第十届全国青年歌手电视大奖赛监审组成员。

6月，应邀赴沈阳音乐学院讲学。

11月，应邀赴温州讲学。

12月20日，参加在悉尼举办的"好日子——宋祖英独唱音乐会"。

2003年

2003年起，担任北京市文学艺术界联合会主席。

2003年，被聘为河南大学、中央民族学院、南京艺术学院、东北师范大学客座教授，同时担任二炮文工团、武警文工团艺术顾问。

2月13日，参加"中国泉州南音年"活动的启动仪式。

4月，担任首届中国大学生校园歌手大赛评委会主任。

4月，担任教育部艺术教育委员会常务委员。

4月，被沈阳音乐学院聘为客座教授。

4月，应邀赴沈阳音乐学院讲学。

8月，被中央电视台聘为中国民歌榜专家评审委员会主任。

10月，担任全国声乐新人新作比赛民族组评委会主任。

11月，被北京市评选为"有突出贡献的科学技术管理专家"。

11月23日，参加宋祖英在维也纳金色大厅个人独唱音乐会。

12月，担任第三届中国音乐金钟奖声乐大赛评委。

12月，被黑龙江艺术职业学院聘为客座教授。

2004年

1月，出版教学碟《金铁霖声乐教学》（一本论文集和八盘教学光盘），由广州市新时代影音公司出版发行。

荣获"全国十大艺术英才"荣誉称号。

2月，获中国青少年艺术新人选拔大赛园丁奖。

3月，担任文化部音乐专业高级职称评审委员会委员。

5月，担任第十一届全国青年歌手电视大奖赛监审委员。

5月，应邀赴上海音乐学院讲学。

6月，担任全国电视文艺第十八届"星光奖"评委。

8月，担任全国宣传文化系统"四个一批"人才专家评审组（文艺界）成员。

9月24日，参加中国音乐学院建院40周年院庆典礼并发表讲话。

10月6日至8日，应邀为"江苏省高级声乐人才研修班"授课。

11月，担任第四届中国音乐金钟奖全国声乐比赛评委。

11月，被大连大学聘为客座教授。

11月13日，参加在广州举办的首场"民族魂——金铁霖、马秋华学生音乐会"，并任艺术总监。

11月，接受广东电视台《一朵时光》栏目专访。

12月，担任第二届中国大学生校园歌手大赛评委。

2005年

参加沈阳第二届全国民族声乐论坛并做专题学术报告。

4月，被推选为中国音协第六届教育委员会主任。

4月，应邀赴云南讲学。

6月，应邀赴天津音乐学院讲学。

7月，应邀赴维也纳进行文化交流。

8月，应邀赴内蒙古讲学。

9月，民族声乐教学获北京市教育教学成果一等奖。

10月，应邀赴南美进行文化交流。

11月，应邀赴广州市讲学。

11月16日，参加"旋丽多彩"周旋独唱音乐会。

12月，被推选为中国民族声乐艺术研究会会长。

12月26日，参加在广东商学院华商学院举行的"民族魂——金铁霖、马秋华学生音乐会"。

12月，参加中央电视台《中国文艺》专访。

12月，应邀赴沈阳音乐学院讲学。

参加金铁霖教授示范教学暨学术讲座。

2006年

1月11日至15日，应邀赴希腊进行学术交流。

4月，被华西师范大学聘为客座教授。

5月，担任第十二届全国青年歌手电视大奖赛监审委员。

7月，出版《金铁霖声乐教学曲选一》，由人民音乐出版社出版发行。

9月，获全国"第二届高校教学名师奖"。

10月12日，参加宋祖英肯尼迪艺术中心个人音乐会。

11月28日，参加在广州增城广场举行的"民族魂——金铁霖、马秋华学生音乐会"，并任艺术总监。

12月21日，接受世界胡氏宗亲联合总会秘书长、中外新闻社常务副总编辑胡树荫采访。

12月，参加中国民族声乐艺术研究会成立一周年之金铁霖学生音乐会。

2007年

被聘为博士生导师。

获"全国十大魅力英才"称号。

1月30日至2月14日，率领中国音乐学院华夏民族乐团赴欧洲多国交流演出。

4月，《中国民族声乐教学体系建设》项目获第二届文化部创新奖。

6月9日，带领中国音乐学院附中师生来到温岭，给上千市民带来了一场全方位的听觉盛宴。

6月10日，应邀做客"温岭讲坛"，开设声乐专题讲座。

9月10日，应邀率团赴西班牙进行文化交流。

9月16日，被聘为西南大学兼职教授。

9月16日，被聘为重庆师范大学客座教授。

10月，参加由国际音乐理事会和中国音乐家协会共同主办的"国际音乐理事会第32届年会暨第2届世界音乐论坛"并发表讲话。

10月20日，参加"民族魂——金铁霖、马秋华学生音乐会著名男高音歌唱家戴玉强独唱音乐会"，并任艺术总监。

11月5日，参加"民族魂——金铁霖、马秋华学生音乐会著名男高音歌唱家吕继宏首场独唱音乐会"，并任艺术总监。

11月7日，参加第二届中国文化创新高峰论坛并发表演讲。

11月21日，参加上海第三届全国民族声乐论坛并做专题学术报告。

11月30日，被聘为山东大学兼职教授。

12月4日，做客山东大学首期舜歌艺术讲坛。

2008年

1月8日至16日，应邀赴挪威进行学术交流。

1月27日，应邀赴香港参加首届国际高等音乐院长论坛。

2月25日，获"十大魅力英才"称号。

4月，《金铁霖声乐教学文集》由人民音乐出版社出版发行。

7月2日，国务院原副总理李岚清视察中国音乐学院并专程观摩了金铁霖声乐教学。

7月10日至15日，应邀赴希腊进行学术交流。

9月24日至26日，应邀赴沈阳音乐学院参加70年校庆并讲学。

10月17日，应邀赴国防大学进行专题讲座。

11月1日，应邀赴广州星海音乐学院讲学。

11月8日，应邀赴香港为中国民族声乐学会讲学。

11月10日，赴江西参加"2010年第29届世界音乐教育大会"筹备会议。

12月8日，参加在北京民族文化宫举办的两场"桃李芬芳的季节——金铁霖学生音乐会"。

12月10日，应邀赴台湾进行学术交流。

12月20日，参加"旋丽多彩——周旋影视金曲演唱会"。

12月，《金铁霖声乐教学艺术》由人民音乐出版社出版发行。

2009年

4月，《构建中国声乐教学体系》获北京市教学成果一等奖。

5月30日，参加中国音乐学院与美国伊斯特曼音乐学院举办的"中美音乐之声"音乐会。

6月30日，参加在鸟巢举行的中国北京鸟巢夏季音乐会之宋祖英音乐会。

7月11日，参加由中宣部、文化部在北京人民大会堂联合主办的"向祖国汇报——金铁霖从教四十五周年学生音乐会"。

7月19日，参加中央电视台《与您相约》的两期专题栏目。

7月20日，当选"榜样中国行"爱心公益大使。

9月，《构建中国声乐教学体系》获国家级教学成果一等奖。

9月，担任中国音乐学院名誉院长。

10月18日，参加在贵阳举办的"民族魂——金铁霖、马秋华学生音乐会"，并任艺术总监。

11月，担任第七届"金钟奖"美声评委主任。

出版《为祖国歌唱——桃李芬芳的季节金铁霖学生音乐会》经典珍藏版DVD。

2010年

1月15日，参加在河南艺术中心音乐厅举办的"民族魂——金铁霖、马秋华学生音乐会"，并任艺术总监。

3月17日，担任第十四届CCTV青年歌手电视大奖赛吉林赛区选拔赛评委。

3月30日，参加为世博喝彩·中国艺术歌曲音乐会暨"我家在中国"祖海维也纳金色大厅音乐会。

8月，担任第29届世界音乐教育大会组委会主席。

10月，"紫荆"《金铁霖画传》出版发行。

出版《祖国万岁——金铁霖从教四十五周年学生音乐会》经典珍藏版DVD。

2011年

3月28日，出席"第二届（2011）全国电视春节联欢晚会评析活动"终评活动。

4月5日，参加辛卯年黄帝故里拜祖大典。

5月16日，参加2011北京合唱节开幕仪式暨音乐会。

5月，《金铁霖声乐教学访谈录》由人民音乐出版社出版发行。

6月28日，参加东莞庆祝建党90周年"民族魂——金铁霖、马秋华学生音乐会"，并任艺术总监。及"紫荆"《金铁霖画传》首发式。

8月6日，参加《北京客》节目的录制。

9月3日，出席王丽达、汤子星"结伴同行"新专辑视听发布会。

9月15日，参加中国传媒大学音乐与录音艺术学院成立典礼。

9月17日，参加李丹阳"丹心向阳"个人演唱会。

10月30日，参加"钢枪·玫瑰——阎维文2011大型个人演唱会"。

11月，出席第九次中国文学艺术界联合会代表大会。

12月11日，出席在沈阳音乐学院举办的第五届全国民族声乐论坛并作了题为《中国民族声乐发展的新时期》学术报告。

参加宋祖英"魅力中国"2011年大型巡回演唱会。

2012年

1月8日，出席"中国农业银行杯" CCTV2011年度三农人物颁奖典礼。

5月14日，参加中央电视台《中华情》栏目《隽永歌声——金铁霖专场》节目的录制。

6月10日，参加哈尔滨之夏音乐会开幕式及系列活动。

6月23日，参加宋祖英博士生毕业独唱音乐会。

7月17日，赴云南玉溪出席纪念聂耳诞辰100周年大型文化系列活动。

7月，培养了中国第一位声乐博士生宋祖英。

8月24日至27日，出席"音乐·中国杯2012年第三届全国优秀词曲、歌手、乐手大型展演赛"活动。

9月16日，出席首届"中国民间音乐艺术公益展演活动"启动仪式。

9月21日至23日，应邀赴湖南长沙讲学。

9月21日，参加中国声乐高级研修大师班欢迎晚会。

10月12日，参加青年歌唱家周旋"我的心在飞"独唱音乐会。

12月13日，参加星海音乐学院老师王咏春独唱音乐会。

12月14日，在星海音乐学院音乐厅举办声乐讲座。

2013年

2月16日，到增城考察挂绿湖规划建设并参加第十九届广州（增城）园林博览会。

3月3日至17日，参加2013年全国政协会议。

3月15日，担任中国传媒大学艺术类招生考试音乐学（声乐表演方向）专业三试评委。

3月17日，参加第15届CCTV青年歌手大奖赛人民网代表队出征仪式暨人民网青年歌手大奖赛获奖歌手音乐会。

3月18日，接受中国人民大学陈雨露校长亲自颁发的博士生导师证书，并出席中国人民大学金铁霖中国声乐艺术研究

院揭牌仪式暨音乐会。

3月，出版《祖国万岁——金铁霖教授从教四十五周年学生音乐会》，由中国唱片总公司出版发行。

3月，出版《金铁霖声乐教学曲选二》，由人民音乐出版社出版发行。

4月2日，出席"金铁霖中国声乐教研中心"揭牌仪式。

4月8日，参加中央人民广播电台在广西崇左市举办的第三届"中国民歌榜""听众喜爱的歌手"揭晓盛典，并获得"终身成就奖"。

△ 2011年6月28日，在"紫荆"《金铁霖画传》首发式上，金铁霖赠送《金铁霖画传》给观众

2. 金铁霖主要学生介绍

李谷一： 著名歌唱艺术家，国家一级演员，原中国音乐家协会副主席。曾获广电部中国唱片社颁发的首届"金唱片奖"（1989年），CCTV—MTV（中国中央电视台与美国MTV电视台）颁发的"终身成就奖"（1999年）等奖项。

彭丽媛： 著名女高音歌唱家，国家一级演员。中国人民解放军艺术学院院长、中国文学艺术界联合会副主席。多次荣获全国"五个一工程"奖等奖项。

宋祖英： 海政歌舞团副团长，著名女高音歌唱家，国家一级演员，中国音乐家协会副主席，全国政协委员。获"金龙奖"全国歌手大赛民族唱法金奖，中宣部"五个一工程"奖，肯尼迪艺术金奖，国际慈善名人奖等奖项。

张　也： 中国音乐学院声乐歌剧系青年教师，著名女高音歌唱家，国家一级演员。获第五届中国音乐电视大赛民族唱法金奖，中宣部"五个一工程"奖等奖项。

董文华： 总政歌舞团，著名女高音歌唱家，国家一级演员。获第一、二、三、四、五届全国MTV音乐电视大赛金奖，中宣部"五个一工程"奖等奖项。

阎维文： 总政歌舞团，著名男高音歌唱家，国家一级演员，中国音乐家协会理事，全国青联常委，全国政协委员。获第三届"五洲杯"全国青年歌手电视大奖赛民族唱法金奖，中宣部"五个一工程"奖等奖项。

刘　斌：北京军区战友文工团团长，著名男高音歌唱家，国家一级演员。获全军文艺汇演金奖，第五届"五洲杯"全国青年歌手电视大奖赛民族唱法金奖等奖项。

戴玉强：总政歌剧团，著名男高音歌唱家，国家一级演员。获第七届"双汇杯"全国青年歌手电视大奖赛美声唱法银奖，第一届日本静冈国际歌剧比赛金奖，中宣部"五个一工程"奖等奖项。

吕继宏：海政歌舞团副团长，著名男高音歌唱家，国家一级演员。获中宣部"五个一工程"奖，第二十三届中国戏剧表演"梅花奖"等奖项。

阿拉泰：内蒙古广播电视艺术团，著名女中音歌唱家，国家一级演员，内蒙古音乐家协会主席。获全国少数民族文艺汇演"优秀演员奖"，全国部分省区少数民族青年演员声乐调演"优秀表演奖"等奖项。

程桂兰：总政歌剧团副团长，著名女高音歌唱家，国家一级演员。获全军第六届文艺汇演金奖，第十五届全国戏剧梅花奖等奖项。

唐佩珠：广西壮族自治区歌舞剧院，青年女高音歌唱家，国家一级演员，广西音协副主席。曾连续三次获全国声乐大奖，是广西首位在全国声乐比赛中获金奖的歌唱家；刘三姐第三代传人。

郭瓦·加毛吉：成都军区战旗文工团副团长，著名女高音歌唱家，国家一级演员。获第七届"双汇杯"全国青年歌手电视大奖赛民族唱法金奖，中宣部"五个一工程"奖等奖项。

刘玉婉：中国东方演艺集团，著名女高音歌唱家，国家一级演员。获全国"希望之星"歌曲大赛金奖等奖项。

孙丽英：总政歌剧团，著名女高音歌唱家，国家一级演员。获上海市戏剧"白玉兰奖"，文化部"文华表演奖"等奖项。

刘　辉：沈阳音乐学院院长，著名男高音歌唱家。获第四届"五洲杯"全国青年歌手电视大奖赛民族唱法金奖，"华鑫杯"全国名歌手大赛民族唱法金奖等奖项。

吴碧霞：中国音乐学院声歌系教授，著名女高音歌唱家。国家一级演员。荣获全国声乐比赛民族唱法金奖，第八届"西班牙毕尔巴鄂国际声乐比赛"金奖，中宣部"五个一工程"奖等奖项。

张　燕：中国东方演艺集团，著名女高音歌唱家，国家一级演员。获得"第三届CCTV—MTV音乐颁奖盛典"内地最佳民歌手奖，中宣部"五个一工程"奖等奖项。

祖　海：中国音乐学院青年教师，著名女高音歌唱家。获中宣部"五个一工程"奖，第七届中国音乐电视大赛民族唱法金奖等奖项。

李丹阳：二炮文工团艺术指导，著名女高音歌唱家，国家一级演员。荣获第八届中国艺术节"文华表演奖"，第四届全国"大红鹰杯"军旅歌曲电视大奖赛民族唱法金奖等奖项。

吕　薇：海政歌舞团，著名女高音歌唱家，国家一级演员。获第九届全军文艺汇演声乐类金奖，2005年度CCTV—MTV音乐盛典"最佳民歌手奖"等奖项。

王丽达：总政歌舞团，著名女高音歌唱家。获第七届"金钟奖"民族唱法金奖，第十四届"蓝色经典·天之蓝杯"全国青年歌手电视大奖赛民族唱法金奖等奖项。

陈笠笠：海政歌舞团，青年女高音歌唱家。获第十二届"隆力奇杯"全国青年歌手电视大奖赛民族唱法银奖，中宣部"五个一工程"奖等奖项。

常思思：海政歌舞团，青年女高音歌唱家，山东省音乐家协会副主席。获第八届中国声乐金钟奖民族唱法金奖，及"五个一工程"奖等奖项。

吕宏伟：中国人民武装警察部队政治部文工团，青年男高音歌唱家。获文化部"新人新作"全国声乐比赛民族唱法一等奖等奖项。

韩延文：中国歌剧舞剧院，著名女高音歌唱家，国家一级演员。获中国戏剧梅花奖，文化部优秀演员奖等奖项。

铁　金：空政文工团，著名女高音歌唱家，国家一级演员。获得全国少数民族比赛金奖等奖项，被誉为"第四代"江姐。

于丽红：上海音乐学院声歌系教授，著名女高音歌唱家，国家一级演员。获第八届全国青年歌手电视大奖赛专业组民族唱法金奖，首届中国广播文艺奖全国听众最喜爱的十佳歌手"金号奖"等奖项。

任香淑：延边歌舞团，著名女高音歌唱家，国家一级演员。获全国第一届朝鲜族"福利杯"声乐比赛民族唱法金奖等奖项。

王邵玫：广州军区战士文工团副团长，著名女高音歌唱家，国家一级演员。获第六届、第八届、第九届全军文艺会演表演金奖等奖项。

牟玄甫：中国东方演艺集团，著名男高音歌唱家，国家一级演员。获得全国青年首届民歌通俗歌曲大赛"孔雀杯"金奖等奖项。

黄华丽：总政歌剧团，著名女高音歌唱家，国家一级演员。获第一届全国声乐比赛民族唱法金奖，第十二届"文华表演奖"等奖项。

雷　岩：山东省歌舞剧院艺术总监，著名男中音歌唱家，国家一级演员。获上海戏剧白玉兰奖，全国声乐比赛金奖，文化部第五届文华表演奖，中国戏剧表演梅花奖等奖项。

陈俊华：中国东方演艺集团，著名女高音歌唱家，国家一级演员。获中宣部"五个一工程"奖等奖项。

吴　琼：中国广播艺术团，著名黄梅戏表演艺术家，国家一级演员。获中华戏曲新歌大赛创作金奖及演唱金奖等奖项。

谢　琳：中央民族乐团，著名女高音歌唱家，国家一级演员。获第三届全国青年歌手电视大奖赛专业组民族唱法优秀表演奖，"撒摸尔汉国际音乐节"民族声乐比赛银奖等奖项。

吴春燕：北京歌舞剧院，青年女高音歌唱家，国家一级演员。获第六届"康佳杯"MTV大赛银奖，第九届"步步高杯"全国青年歌手电视大奖赛民族唱法银奖等奖项。

黄霞芬：江苏省曲艺家协会副主席、秘书长，青年女高音歌唱家，国家一级演员。获第四届"五洲杯"全国青年歌手电视大奖赛民族唱法金奖，第九届文化部"文华表演奖"等奖项。

周金星：江苏省歌舞剧院，著名男高音歌唱家，国家一级演员。获华东六省一市民歌会演金奖，首届中国民歌大赛金奖等奖项。

孙秀苇：北京风华国韵声乐歌剧教育中心校长，著名女高音歌唱家。曾先后多次参加世界级歌唱比赛并获得冠军，她活跃于国际歌剧舞台，是当今最走红的"巧巧桑"。

谭学胜：四川音乐学院，著名男高音歌唱家。获南宁国际民族艺术节中华民族大赛民族唱法金奖，"金钟奖"民族唱法银奖等奖项。

张英席：总政歌舞团，著名男高音歌唱家。获世界华人声乐大赛金奖和最佳歌剧演唱奖，第十一届全国青年歌手电视大赛专业组银奖等奖项。

王士魁：中国音乐学院声乐歌剧系副主任，著名男中音歌唱家，著名声乐教授。

董　华：中国音乐学院教授，青年女高音歌唱家。获第六届"通业杯"全国青年歌手电视大奖赛专业组民族唱法银奖等奖项。

周　强：中国音乐学院声歌系副教授，青年男高音歌唱家。

李　琳：中国音乐学院声歌系青年教师，青年女高音歌唱家。获第五届"金钟奖"民族唱法银奖，第二届全国高等艺术院校民族声乐大赛教师组金奖等奖项。

许红霞：中国音乐学院声歌系教师，青年女高音歌唱家。获文化部"全音速录杯"文华奖声乐大赛民族唱法银奖，第二届全国高等艺术院校民族声乐大赛民族唱法银奖等奖项。

方　琼：上海音乐学院声乐系教授，著名女高音歌唱家，著名声乐教育专家。获第七届"双汇杯"全国青年歌手电视大奖赛民族唱法金奖等奖项。

金小凤： 中国音乐学院附中青年教师，青年女高音歌唱家。获首届全国青年歌手电视大奖赛民族唱法优秀奖等奖项。

金婷婷： 总政歌剧团，青年女高音歌唱家。获第十五届全国青年歌手电视大奖赛民族唱法第三名，金钟奖民族唱法铜奖等奖项。

李　晖： 北京军区战友文工团，青年女高音歌唱家。荣获中央电视台全军MTV大赛最佳新人奖，第九届全国青年歌手电视大奖赛三等奖等奖项。

樊青青： 广西歌舞剧院，青年女高音歌唱家，国家一级演员。获广西民族声乐大赛民族唱法金奖，第十届全国少数民族"孔雀奖"声乐大奖赛广西赛区民族唱法金奖等奖项。

周　旋： 中央民族乐团，青年女高音歌唱家。获中宣部"五个一工程"奖，第十四届"蓝色经典·天之蓝杯"全国青年歌手电视大奖赛民族唱法优秀歌手奖等奖项。

高　音： 中国歌剧舞剧院，青年女高音歌唱家，国家一级演员。获第六届全国MTV大赛银奖，中宣部"五个一工程"奖等奖项。

黄　虹： 广州歌舞团，青年歌唱家，国家一级演员。获全国声乐大赛民族唱法银奖等奖项。

柏林林： 星海音乐学院，青年歌唱家，国家一级演员。获第五届广东羊城音乐花会青年声乐比赛民族唱法金奖，第五届广东艺术表演金奖等奖项。

　　王咏春：星海音乐学院，青年歌唱家，国家一级演员。获得第六届"通业杯"全国青年歌手电视大奖赛民族唱法银奖，第七届"双汇杯"全国青年歌手电视大奖赛民族唱法银奖等奖项。

　　靖　祺：广东歌舞剧院，青年女高音歌唱家。获世界华人艺术节美声唱法金奖等奖项。

　　湘　女：中国歌舞团，优秀独唱演员。获广西国际民歌节"中国民歌大奖赛"金奖等奖项。

　　郝　苗：中国音乐学院青年教师，青年女高音歌唱家。获第五届德国歌唱家内莉泽腾贝格尔创办的音乐比赛金奖，第六届"金钟奖"美声组金奖等奖项。

　　杨　阳：西安音乐学院青年教师，著名男高音歌唱家。获第四届中国音乐"金钟奖"金奖，第十二届"文华表演奖"等奖项。

　　曲　丹：空政文工团，青年女高音歌唱家。获第十三届"隆力奇杯"全国青年歌手电视大奖赛优秀歌手奖，第八届"金钟奖"民族唱法银奖等奖项。

　　王　凯：北京军区战友文工团，优秀独唱演员。获意大利圣天使国际声乐比赛美声唱法金奖，九大艺术院校中外歌剧比赛美声唱法金奖等奖项。

　　何米亚：天津音乐学院青年教师，青年女高音歌唱家。

获中国声乐孔雀奖—首届全国高等艺术院校声乐大赛教师民族组铜奖，第二届全国高等艺术院校民族声乐大赛获教师组优秀奖等奖项。

吉　喆：武警军乐团，青年独唱演员。2006年获中日第五届"樱花杯"专业声乐比赛民族唱法金奖，第七届"金钟奖"声乐比赛河南赛区民族唱法金奖等奖项。

张　辛：空政文工团，优秀独唱演员。获第十三届"隆力奇杯"全国青年歌手电视大奖赛云南赛区选拔赛民族唱法金奖等奖项。

李凌利：哈尔滨歌剧院，优秀独唱演员。获第十二届"隆力奇杯"全国青年歌手电视大奖赛黑龙江赛区民族唱法金奖，第七届"金钟奖"民族唱法优秀歌手奖等奖项。

郝丹丹：中国人民大学艺术学院团委书记，青年女高音歌唱家。获新加坡第四届国家华人艺术节声乐大赛最高奖"特别金奖"第一名，全国推新人大赛山东赛区演唱金奖等奖项。

赵　明：中国铁路文工团歌舞团，青年独唱演员。获俄罗斯首届纪念"马克西姆·米哈伊洛夫"青年演唱家国际歌剧大赛银奖等奖项。

张芷�：中华全国总工会文工团，青年独唱演员。获首届全国艺术新星国际交流大赛声乐比赛专业组民族唱法金奖等奖项。

王媛媛： 中国东方演艺集团，青年独唱演员。获中国关爱成长艺术团全国总决赛金奖等奖项。

陈丽媛： 中国煤矿文工团，青年独唱演员。获第八届中国金唱片新人奖，梦想中国才艺金奖等奖项。

毛一涵： 中国东方演艺集团，青年独唱演员。获2010年第二届全国高等艺术院校声乐大赛民族组金奖，2013年中国第九届声乐金钟奖云南赛区民族组金奖等奖项。

果海尔古丽·吾舒尔： 中国新疆木卡姆艺术团，青年女高音歌唱家。获2004年新疆电视歌手大赛一等奖等奖项。

阿力甫江·吾甫尔： 新疆歌舞团，青年男高音歌唱家。曾多次获新疆及全国各种比赛大奖，他演唱的《木卡姆》、《达坂城的姑娘》、《跳吧朋友》等大批优秀歌曲，深受新疆各族观众喜爱。

热米拉·克力木： 新疆兵团歌舞剧团，自治区青年委员。"2008花儿朵朵全国大赛"金奖，2008年新疆兵团电视台首届歌手大赛一等奖，2010年第8届新疆青年歌手电视大奖赛一等奖，"争奇斗艳——2013'蒙藏维回朝彝壮'冠军歌手争霸赛"冠军奖等奖项。

古丽夏提： 毕业于中国音乐学院。多次参加中央电视台春节晚会，文化部大型晚会和文化活动，演唱的《天山女孩》获中央电视台音乐电视大赛银奖，演唱的《天山的祝福》获"五个一工程"奖等奖项。

李伟彤：中国音乐学院研究生。获2011年威尔第国际声乐比赛最佳女声奖，2011罗马音乐节国际声乐比赛青年组第一名等奖项。

艾米拉古丽·阿不都卡德尔：中国音乐学院研究生。2012年6月8日在中国音乐学院成功举办了个人独唱音乐会。

张　帅：中国音乐学院研究生。2011年国际华人艺术节民族唱法金奖第一名，第九届全国高校声乐比赛银奖等奖项。

冉娅榕：中国音乐学院研究生。获CCTV全国青年歌手电视大奖赛湖北赛区专业组银奖，金钟奖湖北赛区优秀奖，湖北省艺苑杯声乐比赛金奖等奖项。

石　玲：中国音乐学院本科生。获2002年湖南省蒲公英大奖赛金奖等奖项。

郑　森：中国音乐学院本科生。获2011年国际华人艺术节民族唱法银奖等奖项。

后记

　　一切似乎都是机缘。来来往往，从有著传的策划，到前期资料和素材的准备，再到具体工作的实施：访谈、立意、写作、修订，数易其稿，历时三年有余，《金声玉振——金铁霖传》终得以在今天和广大读者见面，而令人称奇的是今年即2013年恰恰是金铁霖教授从教五十周年纪念的日子。并非刻意谋划，结果却实实在在。我们对本传的"生正逢时"及"花好月圆"心存感念，对为本传面世作出过自己努力和贡献的人士表示衷心的感谢。

　　首先，我们得感谢金铁霖教授的家人和他的故交旧友、学生，他们为本传提供了弥足珍贵的史料和细节，从而使本传愈加丰满、真实和有价值。在此，我们特别要书写下来的名字有：金焕英、陈信昌、左连生、邹爱舒……

　　其次，感谢出版单位花城出版社，感谢詹秀敏社长和林宋瑜编审，他们对本书高质量高品位出版焦心苦虑，尽了自己最大的努力。

　　再次，感谢北京步涛文化交流有限公司全体同仁。在对金铁霖教授所有资料的收集、保护和整理方面，多年来你们做了大量基础性工作，对本传成就可谓功不可没。

　　最后，我们要对刘国杰先生、简俊卓先生、古维清先生表示感谢，感谢他们多年来一直热爱并支持着中国民族声乐事业发展。潘启开、温时明两位先生也一并致谢。

    "集大成也者，金声而玉振之也。金声也者，始条理也；玉振之也者，终条理也。始条理者，智之事也；终条理者，圣之事也。"（《孟子·万章下》）金铁霖教授五十年的教学生涯可谓"智之事也"，"圣之事也"，他对中国民族声乐教育的发展贡献可谓是集大成者。法国著名作家罗曼·罗兰曾有言："世界上一切都是音乐，只要去听就是了。"《金声玉振——金铁霖传》就是一部金铁霖教授讲述的人生音乐史诗，相信你会在这里听到你想听到的东西：美、真、善、爱……是为后记。

陈步涛   李民牛